Schriftenreihe „Filmstudien“

herausgegeben von
Prof. Dr. Oksana Bulgakowa und Prof. Dr. Norbert Grob

Die Reihe wurde von
Prof. Dr. phil. Thomas Koebner begründet.

Band 71

Fabian Kaufmann

Our Shining Beast

Godfrey Reggios *Koyaanisqatsi* zwischen *conditio humana* und *conditio americana*

Die Deutsche Nationalbibliothek verzeichnet diese Publikation in der Deutschen Nationalbibliografie; detaillierte bibliografische Daten sind im Internet über http://dnb.d-nb.de abrufbar.

ISBN 978-3-8487-2095-8 (Print)
ISBN 978-3-8452-6158-4 (ePDF)

Bis Band 61 bei Gardez! Verlag Michael Itschert erschienen mit Ausnahme der Bände 57 und 60.

1. Auflage 2015

Für meinen Bruder Ben

Danksagung

Dank schulde ich niemandem. Dank zu schenken ist mir ein Privileg.

Ich lasse ihn allen voran Dr. Andreas Rauscher zukommen, der das Verfassen dieses Texts zuerst gutgeheißen, dann betreut und die fertige Arbeit schließlich für eine Veröffentlichung vorgeschlagen hat.
Dank geht ferner an Dr. Bernd Kiefer, der während des gesamten Studiums und darüber hinaus eine große Inspiration war und der sich erbarmt hat, die zweite Geige bei der Begutachtung zu spielen.
Besonderen Dank schenke ich meinem Bruder Ben Kaufmann, der die Arbeit nicht nur intensiv gegengelesen, sondern auch zahlreiche Anmerkungen spontan aus dem Ärmel schüttelte, während ich das süße Leben in Afrika genoss.
Eine spezielle Dankeskarte überreiche ich zudem Nicole Müller, die die Seiten hat drucken und binden lassen, unter Berücksichtigung einer strengen Qualitätskontrolle und Verwendung zweier diesbezüglich erfahrener Augen.
Ein herzliches Dankeschön möchte ich außerdem meinem guten Freund Bastian Beege aussprechen, den ich kaum drei Monate kannte, als er bereits in ihm angeborener Hilfsbereitschaft anbot, den Text ebenfalls gegenzulesen.
Und schließlich gehört der Hauptteil meines Danks meiner Frau Alexandra Ehrhardt, die mir nicht irgendeine Zeit geschenkt hat, sondern afrikanische Zeit, die es mir ermöglichte, dieses Herzenprojekt in aller Ruhe fertigzustellen.
Müsste man seinen Eltern danken, würde man niemals damit aufhören dürfen. Daher belasse ich es bei einer Liebeserklärung, die mir eine umso größere Freude ist. Mama und Papa, Ihr seid die Besten.

Inhaltsverzeichnis

„There's a whole machine that works because everybody does what they're supposed to. I found out I was supposed to be something I didn't like. That's what's in the program. That's my rotten little part in the rotten machine."

William O'Niel (Sean Connery), *Outland,* 1981

„Amerika ist ein gigantisches Hologramm, die Gesamtinformation ist in jedem Teilstück enthalten. Man nehme nur den kleinsten Fleck in der Wüste, irgendeine Straße im Mittleren Westen, einen Parkplatz, ein kalifornisches Haus, einen Burgerking oder Studebaker, und immer ist schon ganz Amerika drin, im Süden, im Norden, im Osten wie im Westen."

Jean Baudrillard, *Amerika*, 1986

„Das Wirkliche ist phantastisch genug."

Günther Anders, *Die Antiquiertheit des Menschen*, 1956

I. EINLEITUNG

„Das Spektakel ist, seinen eigenen Begriffen nach betrachtet, die Behauptung des Scheins und die Behauptung jedes menschlichen, d.h. gesellschaftlichen Lebens als eines bloßen Scheins. Aber die Kritik, die die Wahrheit des Spektakels trifft, entdeckt es als die sichtbare Negation des Lebens, als eine Negation des Lebens, die sichtbar geworden ist."

Guy Debord, *Die Gesellschaft des Spektakels,* 1967[1]

Die kulturwissenschaftliche Arbeit kennt keine harten Fakten. Diese Arbeit kann demnach immer nur eine Annäherung sein. Die Seele eines Werks lässt sich nicht wie ein Puzzle rekonstruieren, die Seele eines Werks ist eher wie ein dunkler Teich, an dessen Ufern wir entlang schlendern und gelegentlich, an geeigneten Stellen, flankiert von ebenso schleierhaften Wächtern aus Text, einen kurzen Blick unter die Wasseroberfläche werfen, der von weiter hinten nichts gegen die Spiegelung des Sonnenlichts aufzubringen hatte.

Am 4. Oktober 1982 feierte der Film *Koyaanisqatsi* (USA 1982) Weltpremiere in der New Yorker Radio City Music Hall. Ganze zwölf Tage später kam ich zur Welt. Lange Zeit lebten wir beide, ohne voneinander zu wissen, nebeneinander her und es sollten weit über zwanzig Jahre vergehen, bis ich auf den Film aufmerksam wurde. Ob dies eine wissenschaftliche Relevanz hat, bleibt ganz sicherlich zu bezweifeln. Dass die Zeitspanne unmittelbar vor meiner Geburt, die späten siebziger und frühen achtziger Jahre, in denen der Film entstand, eine ganz besondere Faszination auf mich ausüben, ist hingegen zumindest ein persönlicher Fakt. Womöglich ist der Grund für eine Faszination dem Wesen nach nicht greifbar. Der Gedanke, dass man vornehmlich ein euphorisches Interesse für diejenigen Dinge entwickelt, die besonders eng mit der persönlichen Entwicklung zusammenhängen, scheint mir jedoch zumindest eine Rolle zu spielen. (Zudem ist jeder Text auch ein autobiographischer Text.) Und so bietet dieser Film für mich auch eine Art Dokument, von dessen genauer Lektüre ich mir ein tieferes Verständnis für die Zeit erhoffe, in der essenzielle Grundlagen meiner eigenen Existenz gelegt wurden.

Ähnlich und doch gewissermaßen umgekehrt verhält es sich mit der Interpretation von Werken, bei der man versucht, Rückschlüsse über den Autor und seine Interessen herzustellen. Im Falle von *Koyaanisqatsi* stellt dies keine Schwierigkeit dar, denn Regisseur GODFREY REGGIO nennt seine Inspirationsquellen klar

---

1 Debord (1967), S. 16.

und deutlich. Auf diesen zum Teil metaphysischen Grundlagen entwickelt er einen ebenso metaphysisch aufgeladenen Film. Von eher oberflächlichen Lesarten, die diesem angedichtet wurden – entweder wurde der Film als Umweltfilm oder als Ode an die Technik gelesen[2] – distanziert Reggio sich. Dagegen stellt er seine Intention sowohl über die genannten Einflüsse als auch wortwörtlich in einem Interview relativ eindeutig dar, nämlich, dass *Koyaanisqatsi* vor allem den Menschen der nördlichen Hemisphäre[3] zeigen will, der Technik nicht nur benutzt, sondern Technik lebt.[4] Dies soll einerseits an ausgewählten Details überprüft werden.

Andererseits soll ein wahrscheinlich nicht intendierter, weil seiner These zumindest in Ansätzen widersprechender, Aspekt untersucht werden. Godfrey Reggio ist Amerikaner und offenbar lag für ihn nichts näher, als den Film auch in den Vereinigten Staaten von Amerika zu drehen. Niemand kann ganz aus seiner Haut, heißt es, und so hat Godfrey Reggio, so meine These, mit *Koyaanisqatsi*, ob beabsichtigt oder nicht, auch einen Film über Amerika gemacht, der stark in der Zeit und dem Ort seiner Entstehung verankert ist.

Zudem soll Reggios restliches Werk, wenn es auch nur relative knapp behandelt werden kann, dennoch nicht zu kurz kommen. Ich möchte versuchen aufzuzeigen, dass sich dieses Gesamtwerk durchaus als sehr integrativ lesen lässt.

Den roten Faden, der nicht nur durch die Arbeit führen soll, sondern der gewissermaßen auch neben ihr hängt und eine Art Kommentar darstellt, bilden Textauszüge aus *Die Antiquiertheit des Menschen* von GÜNTHER ANDERS, der (leider) weder von Reggio genannt wird noch ein Amerikanist ist, dessen Hauptwerk jedoch große Parallelen zu den Inhalten des Films aufweist und dessen Einbindung hier meines Erachtens geradezu unerlässlich ist. An vielen Stellen wirkt es geradezu, als sei *Koyaanisqatsi* eine Art Verfilmung dieses zweibändigen Werks.

---

2 Vgl. *Essence of Life* (2002).

3 Vgl. ebd.

4 Vgl. ebd.

II. METHODE

„Das Unglück der Zeiten zwingt mich denn, erneut und auf eine andere Art zu schreiben. Bestimmte Elemente werden bewußt ausgelassen und der Plan recht unklar bleiben müssen. Man wird darin, wie die Unterschrift der Epoche, ein paar Köder ausgelegt finden. Unter der Bedingung, hier und da ein paar Seiten einzufügen, mag der Gesamtsinn erscheinen: so sind recht häufig dem, was Verträge offen festsetzten, Geheimklauseln hinzugefügt worden. Auch kommt es vor, daß chemische Stoffe einen unbekannten Anteil ihrer Eigenschaften erst in Verbindung mit anderen enthüllen. Im übrigen werden in dieser kurzen Abhandlung nur allzuviele Dinge zu finden sein, die zu verstehen leider ein Leichtes ist."

Guy Debord, *Kommentare zur Gesellschaft des Spektakels*, 1979[5]

Inspirierend für eine potentielle Herangehensweise waren zu einem nicht unmaßgeblichen Teil meine Erfahrungen auf dem Gebiet meines zweiten Hauptfachs, der Kulturanthropologie. Vermutlich wählt ein jeder die Methode, die am meisten seinem Wesen entspricht. Mich hat vor allem ein methodologischer Text des deutschen Soziologen und Volkskundlers ROLF LINDNER stark angesprochen. Vieles von dem, was in „Vom Wesen der Kulturanalyse"[6] zu Papier gebracht wurde, entspricht auch meiner persönlichen Haltung zum wissenschaftlichen Arbeiten.

Einerseits stehen für Lindner im „Mittelpunkt der Kulturanalyse [...] kulturelle Konstellationen [...], bei denen soziale, kulturelle und biographische Komponenten auf eine zeitspezifische Weise zusammen treffen."[7] Andererseits ist ihm diese streng strukturalistische Herangehensweise zu wenig und „verlangt eine neue Findungskunst"[8]. Sich Begriffe anderer Methodologien entlehnend, versucht er eine weitere, unkonventionellere Ebene in der Kulturanalyse zu etablieren. Begriffe wie das „kulturell Unbewusste einer Epoche" (PIERRE BOURDIEU), „die verborgenen Grundgedanken einer Generation" (ALFRED NORTH WHITEHEAD) deuten für ihn in Richtung einer „Gefühlsstruktur" (RAYMOND WILLIAMS), die Lindner ebenfalls als maßgeblich betrachtet. Um

5 Debord (1979), S. 193f.

6 Rolf Lindner: *Vom Wesen der Kulturanalyse.* In: Zeitschrift für Volkskunde 99 (2003).

7 Lindner (2003), S. 184.

8 Ebd.

sich einer vergangenen Epoche anzunähern, plädiert er dafür, auch Texte[9] heranzuziehen, die keinen wissenschaftlichen Ansatz verfolgen. So halfen ihm bei einer Analyse britischer Arbeitermilieus der Nachkriegszeit vor allem Filme von KAREL REISZ und Dokumentarfilme des British Free Cinema dabei, „die Atmosphäre der Zeit nachzuvollziehen“[10].

Es ist diese Atmosphäre der Zeit, die meines Erachtens große Teile der Faszination von Filmen wie *Koyaanisqatsi* ausmacht – betrachtet man sie aus heutiger Sicht. Nun ist aber Atmosphäre nach meiner Erfahrung etwas, dem wissenschaftliche Texte, wenn überhaupt, nur periphere Bedeutung beimessen. Um sich dieser Atmosphäre anzunähern, ist es daher legitim, wenn nicht gar notwendig, sich anderer als wissenschaftlicher Hilfsmittel zu bedienen. So helfen mir beispielsweise Romane von DON DELILLO, Essays von JOAN DIDION und Songs von den TALKING HEADS mindestens ebenso sehr beim Verständnis des Films wie die einschlägige Fachliteratur. Dabei bin ich fest davon überzeugt, dass ein einziger Satz eines Romans mehr über den Geist einer Epoche auszusagen vermag, als dies ganze wissenschaftliche Bibliotheken vermögen. Der üppige Einsatz von meist zeitgenössischen Zitaten soll ferner mit dazu beitragen aufzuzeigen, dass *Koyaanisqatsi* ein Gericht seiner Zeit ist, dessen Zutaten nicht selten waren und auch anderweitig verkocht wurden.

Aber selbstverständlich soll ein etwas strengerer wissenschaftlicher Ansatz nicht gänzlich vernachlässigt werden. Die Grundstruktur der vorliegenden Arbeit, wenn auch an manchen Stellen etwas aufgebrochen, basiert auf nichtbelletristischen und nicht-lyrischen Texten, allen voran jenen, deren Autoren Godfrey Reggio selbst nennt.

Ein Schwerpunkt der Arbeit liegt also auf den vom Regisseur im Abspann genannten schreibenden Inspiratoren. Das Werk dieser soll auf Anknüpfungspunkte durchsucht werden, anhand derer eine sinnvolle Verbindung zu den Inhalten von *Koyaanisqatsi* hergestellt werden kann. Ebenso soll verfahren werden mit den meines Erachtens wichtigsten Einflüssen im Bereich des Films, darunter Werke der Regisseure HILARY HARRIS, WERNER HERZOG und LUIS BUÑUEL.

Außerdem befasst sich die Arbeit mit den amerikanischen Einschlägen. Hierzu soll an einigen Beispielen aufgezeigt – und mit Hilfe von weiterer Sekundärliteratur, vornehmlich aus dem breiten Feld der Amerikanistik, interpretiert – werden, wie stark die Bildsprache an vielen Stellen von mehr oder

---

9 Den Textbegriff betrachte ich im Sinne Jacques Derridas, der ihn folgendermaßen definiert: „Das, was ich Text nenne, ist alles, ist praktisch alles. Es ist alles, das heißt, es gibt einen Text, sobald es eine Spur gibt, eine differentielle Verweisung von einer Spur auf die andere.“ (Zit. nach: Engelmann (2004), S. 20f.)

10 Lindner (2003), S. 185.

minder eindeutig amerikanisch konnotierten Images bis hin zu amerikanischen Ikonen geprägt ist.

Das dritte Hauptaugenmerk liegt schließlich auf Reggios weiteren Werken. Da ich sein gesamtes Oeuvre als eine starke Einheit betrachte, deren unumstrittenes Hauptwerk für mich *Koyaanisqatsi* darstellt, möchte ich von einer chronologischen Erläuterung dieser Werke absehen und stattdessen alle anderen Werke als integralen Bestandteil dieses Erstlings betrachten und an adäquaten Stellen in den Korpus der in *Koyaanisqatsi* enthaltenen Themen eingliedern. Diese Vorgehensweise sowie der Untertitel der Arbeit sollen meiner Ansicht Rechnung tragen, dass *Koyaanisqatsi* Godfrey Reggios mit Abstand bedeutendstes Werk darstellt.

Die Strukturierung des Hauptteils (IV.) orientiert sich an den Titeln von PHILIP GLASS' Soundtrack.[11] In diesem schien mir die sinnvollste Unterteilung bereits enthalten. Und da sich diese Arbeit nur peripher mit der Musik auseinandersetzt, sondern sich vor allem als visuelle bzw. ikonografische Analyse versteht, sollte außerdem so der Wichtigkeit der Filmmusik zumindest auf formeller Ebene Tribut gezollt werden.[12]

Bei der Analyse wird ferner ganz im Sinne ROLAND BARTHES' strukturalistischer Tätigkeit und anhand exemplarischer Situationen gehandelt: „Der strukturale Mensch nimmt das Gegebene, zerlegt es, setzt es wieder zusammen"[13]. Am Ende oder vielmehr

> „zwischen den beiden Momenten strukturalistischer Tätigkeit, bildet sich etwas Neues, und dieses Neue ist nichts Geringeres als das allgemeine Intelligible: das Simulacrum, das ist der dem Objekt hinzugefügte Intellekt, und dieser Zusatz hat insofern einen anthropologischen Wert, als er der Mensch selbst ist, seine Geschichte, seine Situation, seine Freiheit und der Widerstand, den die Natur seinem Geist entgegensetzt."[14]

Die angeführten Timecode-Angaben beziehen sich auf die DVD-Version von *Koyaanisqatsi*, veröffentlicht von MGM Home Entertainment Inc. im Jahr 2003.

Alle Zitate werden eins zu eins aus den angegebenen Quellen übernommen. Auf die Unterscheidung zwischen alter und neuer deutscher Rechtschreibung wurde keine Rücksicht genommen bzw. wurde diese nicht markiert.

---

11 Zur Verwendung kam die erste vollständige Veröffentlichung des Soundtracks (nach zuvor mindestens zwei unvollständigen) (Orange Mountain Music, East Hampton 2009). Die Unterteilung der Titel „Pruitt-Igoe" und „The Grid" in jeweils zwei Teilstücke wurde jedoch nicht übernommen.

12 Für eine detaillierte Analyse von Philip Glass' Soundtrack vgl. Böhm (2005).

13 Barthes (1966), S. 191f.

14 Ebd.

Den Methodenteil abschließen soll nun ein weiteres Zitat von Roland Barthes, dessen Plädoyer für ein unkonventionelleres wissenschaftliches Arbeiten ich mich nur zu gerne anschließe. Er beschreibt darin seine Herangehensweise bei der Arbeit an „*Die helle Kammer – Bemerkungen zur Photographie*"[15]:

> „Ich beschloß also, bei meiner Untersuchung von einigen ganz wenigen Photographien auszugehen, jenen, von denen ich sicher war, daß sie *für mich* existierten. Nichts von einem Korpus: nur einige Körper. In diesem letztlich konventionellen Widerstreit zwischen Subjektivität und Wissenschaftlichkeit kam mir die eigenartige Idee: warum sollte nicht etwas wie eine neue Wissenschaft möglich sein, die jeweils vom einzelnen Gegenstand ausginge? Eine *mathesis singularis* (und nicht mehr *universalis*)? Ich übernahm mithin die Rolle eines Vermittlers der PHOTOGRAPHIE in ihrer Gesamtheit: ich würde den Versuch wagen, auf der Basis von ein paar persönlichen Gefühlen die Grundzüge, das Universale, ohne das es keine PHOTOGRAPHIE gäbe, zu formulieren."[16]

15 Roland Barthes: *Die helle Kammer – Bemerkungen zur Photographie (1980).* Frankfurt am Main 1989.

16 Barthes (1980), S. 16f.

III. DIE INPIRATOREN

„Maschinen haben den Menschen inzwischen fast ganz verdrängt, und dessen Aufgabe besteht fast nur noch darin, sie zu bedienen."

Ivan Illich, *Selbstbegrenzung*, 1973[17]

„[...] the sixties were really about people."

Andy Warhol, *Popism*, 1980[18]

Im Abspann von *Koyaanisqatsi* nennt Godfrey Reggio, wie bereits angemerkt, unter der Rubrik „inspired by" fünf Menschen, die den Film seines Erachtens maßgeblich inspiriert haben. Wenngleich er mit diesen aller Wahrscheinlichkeit nach vor allem über die Rezeption der von ihnen veröffentlichten Texte in Verbindung getreten ist, so scheint es mir – getreu der Aussage ANDY WARHOLS, die sich rückblickend auf das gesamte Jahrhundert ausdehnen lässt – und aufgrund der Tatsache, dass Reggio lediglich die Namen, jedoch keine Texte nennt, durchaus angebracht, nicht nur die Texte der Inspiratoren, sondern eben auch jene selbst zumindest ansatzweise zu durchleuchten. Hierzu fühlt man sich geradezu verpflichtet angesichts der Besprechung eines Werks, das eine Welt zu beschreiben scheint, die gewissermaßen antiindividualistisch ist, und in welcher der Mensch als nahezu reiner Funktionsträger von Techniken und Expertentum gezeigt wird. Die Kritik, die der Film übt, ist demnach in großen Teilen eine Kritik, die mit der Austauschbarkeit des Einzelnen in der technisierten Warenwelt abrechnen will. Daher soll allein die Entscheidung für eine biographische Auseinandersetzung mit den Inspiratoren dieser Kritik Rechnung tragen, sich dabei verzweifelt an das doppelte „fast" im eingangs erwähnten Zitat IVAN ILLICHS klammernd.

Was ihre Texte angeht, soll zumindest an dieser Stelle unterschieden werden zwischen zweierlei. Auf der einen Seite weisen besagte Texte Aspekte auf, die sich mit den Inhalten des Films mehr oder weniger deutlich verknüpfen lassen. Die Textpassagen lassen sich in solchen Fällen leicht und sinnhaft zur Interpretation sowie zur Erläuterung des im Film Gezeigten heranziehen. Es lässt sich in manchen Fällen gar vermuten, dass Reggio gezielt nach der Bebilderung einer spezifischen Textstelle oder Thematik gesucht hat.

17 Illich (1973), S. 56.
18 Warhol (1980).

Andererseits enthalten die Werke das, was man als ideologische Verweise bezeichnen könnte. Diese sind den Texten immanentes Gedankengut, das mit Reggios angebotener Interpretation seines Films assoziiert werden kann, also Ideen, über welche Ähnlichkeiten in der Weltanschauung zwischen Reggio und seinen Inspiratoren abgeleitet werden können. Diese Anknüpfungen finden sich aber nicht zwangsläufig in einer konkreten Bebilderung wieder, sondern stellen gewissermaßen einen Bezugspunkt außerhalb des Filminhalts dar. Die Intertextualität findet in solchen Fällen mit Hilfe nicht-konkreter Bezugspunkte statt. Mit anderen Worten: Das verbindende Element ist ein Weltanschauliches und somit Abstraktes. Der Film wie der Text sehen gewissermaßen dasselbe Licht am Ende desselben Tunnels.[19]

III.1. Jacques Ellul

Bordeaux ist die Stadt, die aufs Engste mit dem Leben JACQUES ELLULS in Verbindung steht. In Bordeaux wurde er laut eigenen Aussagen im Jahr 1912 zwar zufällig geboren, verbrachte dort aber freiwillig nahezu sein gesamtes akademisches Leben.[20] Nach langer Krankheit starb er 1994 in seinem Haus in Pessac, nur wenige Kilometer vom Campus der Universität von Bordeaux entfernt.

Dennoch hatte er eine starke Abneigung gegen jede Art von nationalistischem Denken. Ellul wuchs vielmehr kosmopolitisch auf. Sein Vater hatte serbische und italienisch-maltesische Wurzeln sowie die österreichische und die britische Staatsangehörigkeit, seine Mutter war die Tochter einer Französin und eines Portugiesen.[21] „Ellul's childhood was poor but happy. He was brought up to be committed to the aristocratic virtues."[22] Auf dem Gymnasium, dem Lycée Longchamp, heute das Lycée Montesquieu, war er einer der Besten seiner Klasse. Im Gegensatz dazu streunte er in seiner Freizeit am Hafen herum oder lieferte sich zusammen mit seinen Klassenkameraden „Homeric battles"[23] mit den Jungen der katholischen Privatschule.[24] „This did not prevent him from later becoming an advocate of 'non-violence' or, more precisely, of 'non-power'."[25]

Nach seinem Abitur am Lycée Montaigne war es sein Wunsch, Marineoffizier zu werden, aber sein Vater bestand darauf, dass er Jura studierte. Laut eigenen

---

19 Die Reihenfolge ergibt sich aus jener im Abspann verwendeten.

20 Vgl. Chastenet (ohne Jahr).

21 Vgl. ebd.

22 Chastenet (ohne Jahr).

23 Ebd.

24 Vgl. Chastenet (ohne Jahr).

25 Chastenet (ohne Jahr).

Aussagen hatte er im Alter von 18 Jahren eine Gotteserscheinung, die er aber nicht weiter beschrieb. Er heiratete und wurde Vater von vier Kindern.

Zusammen mit seinem Freund Bernard Charbonneau arbeitete er eine gascognische Variante des Personalismus heraus – eine libertär-anarchistisch inspirierte Kritik der modernen Gesellschaft.[26] „Jacques Ellul wanted esprit to be the voice of a truly revolutionary movement, regional rooted and based in small, self-directed groups, rather than a mere Parisian intellectual publication."[27]

Nach seiner Dissertation mit dem Titel *Die Geschichte und Rechtsnatur des Mancipiums* begann er, in der Rechtsfakultät in Montpellier zu unterrichten. Es folgten weitere Lehraufträge in Straßburg und Clermont-Ferrand. Während der Zeit des Vichy-Regimes war er in der Resistance aktiv. Er betrieb Landwirtschaft, um seine Familie zu ernähren. PATRICK CHASTENET schreibt: „[...] he was just as proud of harvesting his first ton of potatoes as he was of receiving his agrégation in Roman Law"[28].

Nach dem Krieg war Ellul kurz Mitglied der Stadtverwaltung von Bordeaux, hielt sich aber ansonsten aus politischen Angelegenheiten heraus. Eine Ausnahme bildete "an unfornute episode"[29] als Kandidat der Union Démocratique et Socialiste de la Résistance im Oktober 1945.

Bis 1970 hielt er ein nationales Amt in der Reformierten Kirche von Frankreich inne. Von 1958 war er Präsident eines Vereins zur Prävention von Jugendkriminalität. Außerdem war er in der Umweltbewegung aktiv, vor allem im Komitee zum Erhalt der Küste Aquitaniens. Während dieser Zeit veröffentlichte er fast tausend Artikel und über fünfzig Bücher. 1954 erschien zum ersten Mal *La technique ou l'enjeu du siècle* (englisch: The Technological Society), das zehn Jahre später, unter Mithilfe von Aldous Huxley in den Vereinigten Staaten populär wurde.

Als ein weiteres Hauptwerk gilt seine Geschichte der Institutionen.[30] „The book he was proudest of, however, was *Hope in Time of Abandonment.*"[31] Weiter schreibt sein Biograph: „It is impossible to separate the sociologist from the theologian in this polygraph whose tone was deliberately prophetic."[32]

1980 setzte sich Jacques Ellul zur Ruhe. Sein Credo „Think globally, act locally" hielt er Zeit seines Lebens mit geradezu stoischer Hingabe ein. Auch das, was er kurz vor seinem Tod erleben musste, bildete auf seltsam korrespondie-

---

26 Vgl. Chastenet (ohne Jahr).
27 Chastenet (ohne Jahr).
28 Ebd.
29 Ebd.
30 Vgl. Chastenet (ohne Jahr).
31 Chastenet (ohne Jahr).
32 Ebd.

rende Weise die Themen seines schöpferischen Werks ab: „[...] the treatment for his illness illustrated to him once more again one of his favorite themes: the ambivalence of technological progress."[33]

III.2. *Ivan Illich*

„Einführungen ins Schattenreich" nannte Spiegel-Reporter HANS HALTER sein Porträt Ivan Illichs, das 1979 entstand, als dieser Gastdozent an der Gesamthochschule in Kassel war.[34] Darin beschreibt er das Erscheinungsbild Illichs als das eines „waschechte[n] Jesuit[en] [...], bebrillt, groß, schlank und dunkel"[35] und hat den „Eindruck, ein indischer Guru lagere seinen Jüngern zu Füßen"[36]. Einen einzigen Vormittag verbringt der Autor in Seminaren mit Illich, ein halber Tag, an dem Themen von der Energiekrise über Aristoteles, Arbeitsteilung, Luftverkehr, Kindererziehung, Hurerei bis hin zur Schattenökonomie behandelt werden. Illich „ist eben ein Generalist, womöglich gar ein Universalist"[37], ein Universalgelehrter, der mindestens ein halbes Dutzend Wissenschaften in ihren Grundfesten kritisiert hat: „die Medizin ('sie enteignet die Gesundheit'), das Verkehrswesen ('Tempo lähmt die Phantasie, 25 Stundenkilometer sind genug'), die Pädagogik ('Schulen helfen nicht'), dazu Ökonomie ('schöpferische, nützliche Arbeitslosigkeit'), Soziologie ('Revolution in den Institutionen!') und natürlich Theologie ('Entkirchlichung')"[38].

Der Artikel versucht die Aura eines Mannes des 20. Jahrhunderts einzufangen, den es auf der Suche nach Alternativen zur Industriegesellschaft als Priester nach Rom und New York, Puerto Rico und Mexiko, als Wanderer in die Sahara und als Rhetor auf jeden Kontinent der Erde verschlagen hat, die Anziehungskraft eines messianischen Mannes, während dessen Anwesenheit „merkwürdigerweise ein Duft von großer weiter Welt durchs Haus"[39] weht, dessen selbst gewähltes Endziel die Selbstversorgung ist inklusive dem Credo „weg von den warenintensiven Bedürfnissen".[40]

---

33 Chastenet (ohne Jahr).

34 Halter (1979).

35 Ebd.

36 Ebd.

37 Ebd.

38 Halter (1979).

39 Halter (1979).

40 Halter berichtet in diesem Zusammenhang von dem Vorwurf, der Illich entgegen-gebracht wurde, nämlich, dass allein sein letzter Flug von Mexiko nach Frankfurt mehr Sauerstoff verbraucht habe als eine Herde Elefanten. Illich hat dem in einer Art Ghandi-

Über Ivan Illichs Werdegang gibt weiterführend die Biographie von MARTINA KALLER-DIETRICH Auskunft.[41] GERD-RAINER HORN gibt in seiner Online-Rezension die wichtigsten Eckdaten wieder.[42] Ivan Illich wurde 1926 als Sohn eines katholischen Zivilingenieurs aus Split in Dalmatien und einer jüdischen Mutter mit spanisch-amerikanischen Vorfahren in Wien geboren.[43] Nach dem Abitur 1942 an einem florentinischen Gymnasium studierte Illich drei Jahre lang Chemie, bevor er eine Priesterlaufbahn einschlug und an der Gregorianischen Universität in Rom, einer der Nobeluniversitäten der katholischen Kirche, graduierte. Dort kam er in Berührung mit linkskatholischem Gedankengut, das fortan sein Denken bestimmen sollte. 1951 ging er nach New York, um dort eine Stelle als Seelsorger in einer puertoricanischen Gemeinde anzutreten. Hier erhielt er „frühe Einsichten in die Dialektik der Moderne"[44] und „die zerstörerischen Auswirkungen US-amerikanischer Hegemonialkultur"[45]. Ebenfalls daher rührt „seine Einsicht, dass, trotz ansteigender Ungleichheit, die Armen dieser Welt nicht gegen dieses Schicksal revoltieren werden"[46], da sie von „Entwicklungsverheißungen geblendet"[47] seien. Daraus resultierte seine tiefe Überzeugung der „Notwendigkeit eines radikalen gesellschaftlichen Kurswechsels"[48]. In der Folge wurde Illich bekannt als „Kritiker des sogenannten Fortschritts"[49], der die Bildung als höchstes Gut deklarierte, sich aber ebenso entschieden gegen das institutionalisierte Schulsystem aussprach wie gegen seiner Ansicht nach die Hegemonie der Industrienationen verstärkende Entwicklungshilfe. Illichs Lebenswerk, so sieht es Gerd-Rainer Horn, ist das von 1961 bis 1976 von ihm selbst geleitete *Zentrum für Interkulturelle Dokumentation (CIDOC)* in Cuernavaca, Mexiko, wo er sich für eine artgerechte Umgebung für freies Lernen einsetzte.[50]

Am Ende von Ivan Illichs biographischer Notiz sind wir wieder dort angelangt, wo wir begonnen haben: in einer Schule. Und wir stellen uns vielleicht dieselbe Frage wie Hans Halter: „Der Himmel mag wissen, warum dieser polyglotte Mensch für ein ganzes Wintersemester ausgerechnet in Kassel runterge-

---

Manier nichts entgegenzusetzen und sieht seinen „Fehler" schlichtweg ein. Vgl. Halter (1979).

41 Monika Kaller-Dietrich. Ivan Illich (1926-2002). *Sein Leben, sein Denken.* Weitra 2008.

42 Horn, Gerd-Rainer: Rezension zu: Martina Kaller-Dietrich: Ivan Illich (1926-2002). Sein Leben, sein Denken. Weitra 2008, in: H-Soz-u-Kult, 15.01.2010.

43 Vgl. Halter (1979).

44 Horn (2010).

45 Ebd.

46 Ebd.

47 Kaller-Dietrich zit. nach Horn (2010).

48 Horn (2010).

49 Ebd.

50 Vgl. Horn (2010).

kommen ist. Die neue Gesamthochschule aus profitablem Beton ist so potthäßlich, daß nicht Illich, sondern nur eine große Pendelbirne sie erlösen könnte."[51] Und außerdem fragen wir uns vielleicht, was dies mit der hier verhandelten Thematik zu tun haben könnte. Wenig, wäre eine Antwort, irgendwie alles, eine andere. Das Bild eines Ivan Illich, der in einem hässlichen Betonbau, also einer vielleicht gar nicht so artgerechten Umgebung, sitzt und versucht, seine Sicht auf die Welt zu vermitteln, scheint mir sinnbildlich für vieles zu stehen, wovon diese Arbeit handelt. Denn dieser Betonbau strahlt für mich eine ähnliche Ambivalenz aus wie *Koyaanisqatsi*: er ist auf eine geheimnisvolle Weise grauenhaft schön.

III.3. David Monongye

DAVID MONONGYE ist unter den fünf Inspiratoren der einzige Amerikaner, vielleicht oder vielleicht auch nicht bezeichnenderweise ein amerikanischer Ureinwohner vom Stamme der Hopi. Sein genaues Geburtsdatum ist unbekannt, festzustehen scheint jedoch, dass er über hundert Jahre alt war und inzwischen nicht mehr lebt.[52] Es versteht sich von selbst, dass Monongye keinen „europäischen" Werdegang aufzuweisen hat, wie dies von den restlichen vier Inspiratoren behauptet werden kann. Er galt als „spiritual leader of the Hopi Nation"[53]. 1982 unternahm er eine Pilgerreise von Hoteville in Arizona nach New York City, um die Prophezeiungen der Hopi vor der Generalversammlung der Vereinten Nationen vorzutragen. Im letzten Moment wurde Monongye das vorher zugesagte Rederecht noch versagt.[54]

Eine weitere Besonderheit besteht darin, dass von allen fünf David Monongye der einzige zu sein scheint, von dessen direkter Begegnung mit Godfrey Reggio ein Zeugnis besteht. Zwar sind also nur wenige seiner Lebensdaten bekannt, aber die Geschichte dieser Begegnung scheint mir ebenso erzählenswert in diesem Zusammenhang. Ein kleiner Text Reggios gibt diese prägnant wieder. Und wie selbstverständlich wird dem Leser ein weiterer Schlüssel mitgereicht, mithilfe dessen man dem Begreifen und der Entstehung von *Koyaanisqatsi* ein wichtiges Stück näherkommen kann. Der Text scheint mir essentiell, die lakonische Prosa zeigt Reggio als bündigen Rhetoriker und die Kürze lädt förmlich dazu ein, ihn in Gänze hier wiederzugeben:

51 Halter (1979).
52 Vgl. (ohne Autor:) The Last Hopi (ohne Jahr).
53 (Ohne Autor:) The Tracker Magazine – Vol. 2, No. 1, Winter 1983 (ohne Jahr).
54 Ebd., Vgl. auch VII.

„If you've ever had the experience of buying a car, all of a sudden you start noticing all the other people that have the car are like you. Your car becomes, all of a sudden, all over the place. That might sound abstract, but check it out. In that time period, it was my feeling that the world we lived in was, in some sense, much more real than true. And what I mean by that is the following, that the reality that we lived in, seemed to be at war with the truth of the world in which we are, the organic world, the world of nature, and that we, in effect, developed a new world, a world of technology.
My own feeling was that technology was something that we were not using and giving it good or bad use. It was like a new environment of life, and that I didn't know how quite to put my head around it. I felt actually that I was maybe getting a little – going over the deep edge. And at some point I got to meet a gentleman named David Monongye who was a Hopi elder, a Kikmongwi, a person who was a medicine man from a very humble clan, however, the Parakeet clan, but a very powerful person. And he had a task given to him to make the Hopi prophecies available to Bohanna or the White people, the outside world. And I heard him. I met him through a friend, and I heard him speak.
And listening to him was like music to my ears. He said things like 'Everything you White people call normal, we call abnormal. Everything you call sane, we call it insane.' And it resonated with what I felt, and immediately I started to see how this was not a singular thought that I was having. And as I got a little more mature and read other people, I could see that that was in the air, that there were other people feeling that, that the technology was way out of the box. We didn't use it. It was as ubiquitous as the air we breathe as it were."[55]

Am Ende, so meine Hoffnung, haben wir zumidest eine Vorstellung, eine vage Idee davon gewonnen, wer dieser David Monongye gewesen sein könnte.

55 Reggio (ohne Jahr).

Einen hinreichenden Überblick über die Eckdaten des Lebens von GUY DEBORD gibt die biographische Notiz der European Graduate School.[56]

Debord wurde am 28. Dezember 1931 in Paris geboren. Seine Zusammenarbeit mit „Lettrist International" unter der Führung von ISIDORE ISOU startete 1950. Deren Bestreben war es, Poesie und Musik zu fusionieren und die urbane Landschaft zu transformieren. Gemeinsam mit dem „Movement for an Imaginist Bauhaus" formten die Lettristen 1957 „Situationist International", zu deren Führer sich Debord bald erklärte. „They theorized that Capitalism has the effect of diverting and stifling creativity, dividing the social body into producers and consumers, or actors and spectators. [...] By 1962 they were applying their critique to all aspects of capitalist society [...]." [57] 1967 veröffentlichte Guy Debord *Die Gesellschaft des Spektakels*, sein Hauptwerk, das im Zeichen von KARL MARX' frühen Schriften zum Thema Entfremdung steht. Hierin vertritt er die Position,

> „that the spectacle, or the domination of life by images, has subsumed all other forms of domination [...] and that images are the currency of contemporary society. [...] The Situationist addition to this theory is the recognition of 'pseudo-needs', created by capitalism to continually ensure increased consumption."[58]

Die Situationisten glaubten, „that it was necessary to think of the immediate moment as the highest potential for change, and [...] that to transform the structure of society we need only to change our perception of the world."[59] Worte, die ebenso gut aus dem Munde Godfrey Reggios denkbar wären. Auch die Verantwortung, in der sich die Situationisten sahen, nämlich „to make apparant to the masses the system in which they were already implicated"[60], ist eng verwandt mit Reggios Intention bei *Koyaanisqatsi.*

1984 wurde Debords Freund und Verleger GERARD LEBOVICI ermordet. Die Anschuldigungen um seine Verwicklung in den Mord verarbeitete Debord in der Veröffentlichung von „Considerations on the Assassination of Gerard Lebovici" im darauffolgenden Jahr.

---

56 Vgl. (ohne Autor:) Guy Debord – Biography. (Ohne Jahr).

57 (ohne Autor:) Guy Debord – Biography. (Ohne Jahr).

58 Ebd.

59 (ohne Autor:) Guy Debord – Biography. (Ohne Jahr).

60 Ebd.

In der situationistischen Praxis spielt ein freier „flow of acts and encounters“[61] eine große Rolle. Dementsprechend soll Debords Gedankengut nicht nur inhaltlich, sondern auch formell zur Entfaltung kommen. Passagen aus seiner „Gesellschaft des Spektakels“ werden freigelassen, auf dass sie sich in den Fugen zwischen den restlichen Textpassagen einnisten, ganz ähnlich den situationistischen Graffiti-Künstlern in den Straßen zwischen den herrschaftlichen Häusern der Pariser Bourgeoisie.[62]

1994 beging Guy Debord Selbstmord.[63]

III.5. Leopold Kohr

„Small is beautiful“ – so formulierte FRIEDRICH SCHUMACHER 1973 das Motto, mit dem der Philosoph und Nationalökonom LEOPOLD KOHR seitdem in einem Gedankenzug gedacht wird.[64] Damit gemeint ist, im Gegensatz zur im Westen vorherrschenden Überzeugung eines alle Probleme lösenden ständigen Wirtschaftswachstums, die von Kohr geforderte Rückkehr zum „menschlichen Maß“.

„Seine Ideen wurden von seiner Herkunft bestimmt“, heißt es in MANFRED W. K. FISCHERS biographischer Schrift[65] über Leopold Kohr. Diese liegt im Flachgauer Ort Odernsdorf in der Nähe von Salzburg. Dass Kohr nie in Begriffen wie global, kontinental oder österreichisch, sondern stets land-salzburgisch dachte, machte ihn für Fischer trotzdem nicht zum Kleinbürger, sondern gerade deshalb zum Weltbürger, weil er sich „seines Herkommens bewusst war und ihn dies mit Stolz erfüllte“[66].

In Oberndorf wuchs Leopold Kohr auf und hier ging er auch in die Volksschule. Für den Besuch des Gymnasiums in Salzburg verließ er zum ersten Mal die unmittelbare Heimat. Als er in Innsbruck und Wien in den Fächern Rechts-

---

61 (ohne Autor:) Guy Debord – Biography. (Ohne Jahr).

62 Die Praxis der Situationisten „was based in constructing situations that were disruptive to social norms.“ ((ohne Autor:) Guy Debord – Biography. (Ohne Jahr).). Die Zitate sollen also zwischen die übrigen Punkte der vorliegenden Arbeit gestreut werden, um deren strikte Form ganz in ihrem Sinne aufzulockern oder im besten Fall gar (Text-)Begegnungen zu schaffen, deren mehr oder minder zufälliges Aufeinandertreffen einen spontanen Sinngewinn hervorbringt. Ferner glaube ich an eine poetische Qualität in Debords Schriften. Seiner genauen Wortwahl soll also – ohne die Verfälschung durch die indirekte Rede – Raum gegeben werden.

63 Vgl. (ohne Autor:) Guy Debord – Biography. (Ohne Jahr).

64 Vgl. Schumacher (1973).

65 Manfred W.K. Fischer: *Leopold Kohr – Einsichten zum „menschlichen Maß“* (ohne Jahr).

66 Fischer (ohne Jahr).

und Staatswissenschaften promoviert, schreiben wir das Jahr 1937.[67] Nach einem Aufenthalt in Spanien während des Bürgerkriegs, von wo aus er auch für österreichische und schweizerische Zeitungen berichtet[68], und dem Einmarsch deutscher Truppen in Österreich, wandert Kohr 1938 über Frankreich in die Vereinigten Staaten aus, wo er nach anfänglichen finanziellen Schwierigkeiten und schwerer körperlicher Arbeit in einem kanadischen Goldbergwerk bald viele Kontakte zu amerikanischen Intellektuellen und Exilösterreichern knüpfte. In der Folge engagierte er sich in der „Österreich-Frei-Bewegung", die gegen die nationalsozialistische Okkupation seines Heimatlands kämpfte.

Ab 1943 begann Leopold Kohr mit diversen Lehrtätigkeiten an renommierten Universitäten in den Vereinigten Staaten, Großbritannien und in Puerto Rico. Von 1955 bis 1973 lehrte er an der Staatsuniversität von Puerto Rico in San Juan. Dort begründete er unter anderem sein Konzept der Dorferneuerung und Verkehrsberuhigung.[69] „Die Verleihung des Alternativen Nobelpreises an Kohr im Jahre 1983 rückte ihn und seine Thesen verstärkt in das Bewusstsein der österreichischen Öffentlichkeit. 1986 kam es in Neukirchen am Großvenediger zur Gründung der *Leopold Kohr Akademie*, die sich bis heute erfolgreich um die Verbreitung von Kohrs Ideen kümmert."[70] Kurz bevor er in sein Heimatdorf Oberndorf zurückkehren konnte, starb er am 26. Februar 1994 in England.

67 Vgl. Lehner (1994).
68 Vgl. Ebd.
69 Vgl. Lehner (1994).
70 Fischer (ohne Jahr).

IV. HAUPTTEIL

„It's not the effect of technology on society, on economics, on religion, on war, on culture et cetera, on art. It's that everything now is existing in technology as the new host of life. It's the price we pay for the pursuit of our technological happiness. That is what warfare is, it's way beyond the battlefield, it's total war, it's war as ordinary daily living."

Godfrey Reggio, *Life is War*, 2002[71]

IV.1. KOYAANISQATSI

„Here we stand // Like an Adam and an Eve // Waterfalls // The Garden of Eden // Two fools in love // So beautiful and strong // The birds in the trees // Are smiling upon them [...]"

Talking Heads, *(Nothing But) Flowers*, 1988

0:00. Zum Einstieg eine spontane Assoziationskette. Der Vorspann, zwei Einstellungen. „Francis Ford Coppola presents", man stelle sich den Film als einen späten Ausläufer des *New Hollywood* vor, zivilisations- und amerikakritisch, der rote Schriftzug „Koyaanisqatsi" tritt spontan aus dem schwarzen Hintergrund hervor, einer Nacht, welche die Unwissenheit ist. Zwei weitere Einstellungen. Die Höhlenmalerei: frühes Bildnis einer im Einklang mit der Natur lebenden Kultur, das Antriebsfeuer der startenden Rakete: Pandoras Büchse geöffnet.

71 Zit. nach: *Life is War* (USA 2002).

IV.1.1. Jake Page: Inside the Sacred Hopi Homeland

„*MONUMENT VALLEY*
DEAD HORSE POINT
GRAND CANYON
Geologische und somit metaphysische Monumentalität im Gegensatz zu der physischen Höhe der gewöhnlichen Reliefs. […] In dieser gigantischen Anhäufung von Zeichen rein geologischer Herkunft hatte der Mensch nichts zu suchen. Einzig die Indianer haben vielleicht einen kleinen Teil davon ihr eigen nennen können. Und doch sind es Zeichen. Die Unkultur der Wüste ist nur scheinbar."

Jean Baudrillard, *Amerika*, 1986[72]

„*If it rains, it means the Hopis have performed their ceremonies properly and have lived a good life.*"

Jake Page, *Inside the Scared Hopi Homeland*, 1982[73]

„Raum, um sich mit den Prophezeiungen der Hopi auseinanderzusetzen." Dieser Platzhalter war soeben noch das einzige, was unter IV.1.1. stand. Der Platz innerhalb der Arbeit war ideal, wie von Reggio dafür vorgesehen, zeigen die anfänglichen Aufnahmen doch die Heimat derer, denen sich hier angenähert werden soll.

Ich habe die Bearbeitung dieses Kapitels aufgeschoben, ohne recht zu wissen, wie ich sie angehen soll. Es ist unter diesem Punkt IV zwar das erste, aber gleichzeitig das allerletzte Kapitel, das ich schreibe, eines jener Kapitel, die ich mir für Simbabwe aufgehoben habe.[74] Ich habe keine Literatur zum Thema der Prophezeiungen gefunden, dachte mir, zur Not sauge ich mir etwas aus den Fingern, zitiere die Prophezeiungen aus dem Film oder kaue das wieder, was bereits ANDRÉ BÖHM über das Thema geschrieben hat[75].

Doch ich wurde eines Besseren belehrt. Mir wurde wie von Geisterhand bestätigt, dass wissenschaftliches Arbeiten auch vom Zufall abhängen muss. Man stößt bisweilen auf etwas und dieses Etwas schenkt einem eine neue Eingebung. In einem Moment, da ich für kurze Zeit weder an die Hopi noch an die Arbeit denke, finde ich mich in der Innenstadt von Harare wieder, habe soeben mein Visum verlängern müssen und streife nun durch eine Handvoll Läden. Einige

72 Baudrillard (2004), S. 11-12.

73 Page (1982), S. 613.

74 Während der Anfänge dieser Arbeit ergab sich ein Jobangebot für meine Frau in Harare. Es ging alles ganz schnell und wir zogen dorthin.

75 André Böhm: *Musikalische Bildsequenzen und deren psychologische Wahrnehmung anhand der Qatsi-Trilogie.* München 2005.

davon haben sich spezialisiert, andere scheinen fast alles anzubieten. Der Letzte für heute bietet gebrauchte Bücher, vor allem Schundromane, an, aber auch Bohrmaschinen werden lautstark ausprobiert. Es liegen alte Butterdosen aus und Kunden sitzen auf Sofas, die man ebenfalls kaufen kann. Auf dem Tresen liegen etwa zwei Dutzend Ausgaben des *National Geographic*, zum Teil stark abgegriffen, vor allem aus den 80er und 90er Jahren. Ich suche die sechs ältesten Ausgaben heraus und bezahle drei Dollar.

Wieder zuhause, stöbere ich in den Heften herum, in chronologischer Reihenfolge. Das Älteste ist die Ausgabe vom November 1982, wahrscheinlich gar am Ende des Vormonats, also exakt demselben Monat der Weltpremiere von *Koyaanisqatsi*, erschienen.

Ich bin hingerissen vom Erscheinungsbild der Werbeanzeigen im vorderen Teil, bevor die eigentlichen Inhalte beginnen – der neue BMW 323i mit altem Münchner Kennzeichen, „TWA Royal Ambassador Service in first class offers more than First Class“, „Fuji – Official Film of the Los Angeles 1984 Olympics“, die neue Canon F-1 mit ebenfalls neuem 500mm-Teleobjektiv, „Scott Carpenter and JVC. Both Explorers. Both dedicated to – Innovation“, „Lufthansa – German Airlines“. Derart eingenommen bin ich von der Ästhetik der Anzeigen, dass ich ihre Inhalte und die Korrespondenz ausnahmslos jedes einzelnen mit den Inhalten des hier besprochenen Films beim ersten Durchsehen gar nicht bemerke. Beim zweiten Mal sehe ich sie deutlich vor mir, auf Papier gedruckt und in Farbe – die Protagonisten von *Koyaanisqatsi*: das Auto, das Flugzeug, die Geräte, aber gleichzeitig auch die geheimen Macher: die Kamera und das Objektiv, sowie das Medium, das Filmmaterial.

Bei diesem zweiten Mal blättere ich schließlich über die Werbeseiten hinaus, S. 554: „The Anasazi“, S. 593: „Pueblo Artistry in Clay“, S. 607: „Inside the Sacred Hopi Homeland“.

Warum also nicht über die Hopi selbst schreiben, statt nur wieder und wieder das zu reproduzieren, was der Film eins zu eins schriftlich nennt, und was keine große Interpretationsfähigkeit erfordert. Und ist das, was wir in diesen ersten Filmminuten sehen, die unverkennbare amerikanische Landschaft des Grand Canyon und des Monument Valley, gerade auch in unserer filmischen Sehgewohnheit nicht eng verbunden mit dem Lebensraum jener, die in diesen Filmen, von den Einwanderern Western getauft, noch als Indianer bezeichnet wurden, ganz zu schweigen von den Höhlenmalereien? In einem Film, der von Amerika handelt, dürfen die Ureinwohner nicht unerwähnt bleiben. Der Film selbst gibt uns vor, welchen Stamm wir als Beispiel heranzuziehen haben, anhand dessen wir uns mit deren Geschichte auseinandersetzen können. Und der Film verlangt es geradezu, indem er uns besonders in diesen Anfangssequenzen Zeit zur Meditation schenkt. Oder wer will von sich behaupten, dass er sich eine viertel

Stunde lang Landschaftsaufnahmen ansehen könne, ohne dass seine Gedanken abschweifen?

Lassen wir uns also entführen – aber behalten dabei immer die Filmbilder im Hinterkopf – von JAKE PAGE und seiner Reportage *Inside the Sacred Hopi Homeland*[76]. Am Ende, so hoffen wir, werden wir uns dem im Innern von *Koyaanisqatsi* verborgenen amerikanischen Mysterium, ein Stück weit angenähert haben, denn wir glauben, dass Jake Pages Text uns dabei so gut helfen kann wie jeder andere über die Ureinwohner Amerikas. Wir, das sind zumindest JEAN BAUDRILLARD[77] und ich.

Wohl dienen die Hopi über die Nennung ihrer Prophezeiungen in *Koyaanisqatsi* als eine Art Antipode zur westlichen Lebensweise. Dennoch sind in dem als Quelle dienenden Text vielleicht gerade jene Aspekte interessant, welche die aus dem Nebeneinander beider Welten herrührenden Ambivalenzen aufdecken. Der Hauptteil der Reportage behandelt zwar sowohl die persönlichen Erfahrungen des Reporters mit den Hopi – in sieben Jahren hat er sie 18 Mal besucht – als auch deren Lebensweise in verschiedenen Aspekten, ganz im Stile einer ethnologischen Untersuchung. Die für die vorliegende Arbeit maßgeblichen Informationen lassen sich jedoch eher zwischen den Zeilen finden und in den Nebenräumen der Sätze.

Wenn von den Pilgerreisen durch das nordöstliche Viertel von Arizona berichtet wird, ist die Rede von „expressions […] of their continuing sense of responsibility for this area."[78] Soviel zum ethnologisch relevanten Gehalt dieses Absatzes, an dessen Ende es dann noch heißt: „Yet much of it is not legally Hopi land and is now crisscrossed by highways and inhabited by whites and other Indians, chiefly Navajos."[79]

Ein weiteres Beispiel lässt sich an Alonzo festmachen, einem 40-jährigen Hopi, der nicht nur Maisbauer ist, sondern mit einer festen Anstellung seinen Lebensunterhalt verdient: „Having delivered the sweet corn to Linda, Alonzo drove 18 miles to the Keams Canyon boarding school, where he is a cook."[80]

Blättert man auf die nächste Seite um, gibt ein Foto[81] einen weiteren Hinweis auf die Verschmelzung der beiden Welten. Es zeigt ein junges Hopi-Mädchen, das von zwei Frauen mit traditionellem Haarschmuck verziert wird. Eine der Frauen trägt eine weiße Bluse, die andere Blue Jeans, im Hintergrund stehen ein

---

76 Jake Page: *Inside the Sacred Hopi Homeland.* In: National Geographic, Vol. 162, No. 5, November 1982, S. 607f.

77 Siehe zweite Eingangsfußnote.

78 Page (1982), S. 612.

79 Ebd.

80 Page (1982), S. 613.

81 Vgl. Page (1982), S. 614-615.

Glas massenproduzierter Mate-Kaffee und ein Fernsehgerät, das eingeschaltet ist, obwohl niemand hinsieht. Die Bildunterschrift lautet: „Modern amenities are welcome even in such conservative Hopi villages as Shipolovi, where neither television sets nor convenience foods have disrupted the old customs.“[82]

Interessant ist auch ein Foto auf der folgenden Seite. Das Porträt zeigt einen jungen Hopi-Mann in Kleidungsstücken verschiedenster Herkunft. In der Bildunterschrift heißt es: „Cross-cultured celebrations enliven the village plazas when Hopis add the trappings of other tribes to their own ceremonies. This eclectic spirit even overrides differences with the Navajos who surround them. A young man wears a hat, necklace, and belt of Navajo design for his role as a singer [...]“.[83] Die große Sonnenbrille im westlichen Stil der Zeit wird dabei nicht erwähnt.

Schließlich drängt sich die amerikanische Welt doch mehr und mehr in den Vordergrund. In San Francisco Peaks, der höchsten Erhebung in Arizona, befindet sich einer der wichtigsten Schreine der Hopi.[84] „To their sorrow, a ski lift hauls winter sportsmen and summer hikers to a point a few hundred feet below, one of several sacred sites within the peaks. [...] Over the strenuous objection of the Hopi Tribal Council and Navajo medicine men [...], developers have obtained a permit from the U.S. Forest Service to build another ski lift and to expand the lodge.“[85]

Die Prophezeiungen werden mit keinem Wort erwähnt. Und die Prophezeiungen, am Ende von *Koyaanisqatsi* genannt, unterstützen gewissermaßen (m)ein stereotypes Bild der Ureinwohner Amerikas, nämlich einer sich der Moderne entziehenden Bevölkerungsgruppe. Die Reportage verdeutlicht, dass die Hopi selbstverständlich mehr sind als das und auch mehr als ihre Prophezeiungen, wenngleich der Film nichts sonst von ihnen berichtet. Die Reportage zeigt einerseits einen Stamm am Beginn der achtziger Jahre des 20. Jahrhunderts, der seine Zeremonien, sein Land und seine landwirtschaftlichen Zyklen pflegt – „all combine into an intricate tapestry of belief, custom, and behavior. It has allowed the Hopi to survive [...] in what would seem a hostile land. It has withstood the raveling effect of white man's society more successfully than any other native American culture.“[86] Weiter heißt es dort: „Even into the 20th century, the thrust of American culture was felt less by the Hopis than other tribes.“[87] Andererseits handelt der Text auch von äußerer Veränderung und innerem

82 Page (1982), S. 614-615.
83 Page (1982), S. 616.
84 Vgl. Page (1982), S. 618.
85 Page (1982), S. 618.
86 Page (1982), S. 622.
87 Page (1982), S. 623.

Umdenken. „Life as a Hopi is hard, and the lure of the outside world is great.“[88] Von immer weniger Kindern, die die Sprache der Hopi lernen, ist da die Rede und von Teenagern, die sich mit dem Gedanken einer lokalen Hopi Highschool nicht anfreunden können. „[...] now, with highways, television sets, and jobs in the tribal government, the Bureau of Indian Affairs, and on various construction projects, the threads of the Hopi tapestry are seriously stretched.“[89]

„How to be a Hopi?“[90], fragt der Autor: „The conservative seek to keep the old ways rigidly intact. The highly progressive would add to Hopi culture much of the white world's techniques and even attitudes.“[91]

Was *Koyaanisqatsi* versäumt, ist, die Hopi, deren Gedankengut er sehr einseitig entlehnt, in der Ambivalenz einer ständig und überall im Verändern begriffenen (amerikanischen) Kultur zu zeigen. Die Reportage hingegen dient als wertvolle Ergänzung, ohne die ein nicht nur der Hopi-Kultur innewohnendes Streben nach einer neuerlichen Kultur-Synthese vernachlässigt würde. Amy Taylor, „community development officer“, hierzu: „It's just crucial to get the two sides in our village to work together.“[92] Denn schließlich bedeutet „Native American“ in jedem Fall auch „American“.

88 Page (1982), S. 623.

89 Ebd.

90 Ebd.

91 Ebd.

92 Zit. nach: Page (1982), S. 623.

IV.1.2. Werner Herzog: Fata Morgana

„Let's say there's a distance between the image and the music. When the spectator crosses that line, that's when they personalise the event. That's when it becomes theirs. The transaction between the music and the image happens during the time that the listener is traversing the space between the music and the image."

Philip Glass, *Essence of Life*, 2002[93]

„forsaken, almost human"

Leonard Cohen, *Suzanne*, 1967

MARCUS STIGLEGGER bezeichnet Werner Herzogs *Fata Morgana* (D 1971) als direkten Vorläufer von *Koyaanisqatsi*[94] – Grund genug, um zumindest einen Blick darauf zu werfen. Tatsächlich erinnert insbesondere der Anfang des Films, allem voran die Startsequenz, stark an die Ästhetik von Reggios Film. DAVE KERR zieht diese heran, um aus ihr abzuleiten, wovon der Film handelt: „Every shot has a double edge of harsh reality and surrealist fantasy, as when the landing of a jet plane, repeated nine or ten times, becomes an odd spiritual symbol, at once banal and mysterious."[95] Diese Deutung könnte man in weiten Zügen auf den hier behandelten Film übertragen. Dennoch schlägt Herzog schon bald eine andere Richtung ein und trägt seine Zivilisationskritik, wie ich finde, deutlicher, soll heißen, weniger vieldeutig vor. Es kommen sowohl Titel als auch eine Narration, ganz zu schweigen von Popmusik u.a. von LEONARD COHEN zum Einsatz, die das Gezeigte zwar konterkarieren – ferner können sie „durchaus ironisch verstanden werden, künden die montierten Bilder doch eher von Zusammenbruch, Verfall, Verwüstung und Elend"[96]. Aber es sind auch diese eindeutig konnotierten Bilder des Verfalls, die meines Erachtens zu sehr in eine bestimmte Richtung lenken. Hier wird ein eindeutig apokalyptisches Bild der Welt gezeichnet, dem die *Koyaanisqatsi* in großen Teilen innewohnende Ambiguität fehlt. Zudem ist die Sprache hier eine Komponente, die den Zuschauer eher ablenkt – sie okkupiert gewissermaßen bereits den Raum, den PHILIP GLASS im eingangs erwähnten Zitat beschreibt, und verhindert zu einem gewissen Grad die Transaktion zwischen Bildern und Musik. Am stärksten – und am zeitlosesten – ist *Fata Morgana* daher für mich dann, wenn keine Narration hinter den Bildern liegt, und dem Zuschauer Zeit gegeben wird, selbst über die dazu einladen-

93 Zit. nach: *Essence of Life* (2002).
94 Vgl. Stiglegger (ohne Jahr).
95 Kerr (ohne Jahr).
96 Stiglegger (ohne Jahr).

den Bilder zu meditieren[97] – so zum Beispiel während der langen Kamerafahrten aus dem Flugzeug, welche das Abstrakte in der Natur der Wüste[98] zu offenbaren scheinen, oder beim Betrachten des „bewegten fotografischen Porträts" des Jungen mit der Katze in der rechten Hand.[99]

Ein weiterer wichtiger Unterschied ist für mich die politische Dimension. Während sie für Reggio nur noch ein Aspekt unter vielen ist, die sich im Innern der „technical order" abspielen[100], ist Herzog an einigen Stellen offen politisch.[101] Man fragt sich, ob die Frau, die nach fünfzig Filmminuten fünf afrikanische Kinder den Satz „Der Blitzkrieg ist Wahnsinn." wiederholen lässt, ohne dass diese ihn verstehen, auch 1982 schon so seltsam antiquiert wirkte, wie sie dies heute tut.

Die Zivilisationskritik in *Fata Morgana* fällt häufig einer seltsam gestellt wirkenden Apokalypsefaszination anheim. Vielleicht besitzt auch *Koyaanisqatsi* eine solche Komponente. Dennoch überwiegt hier das Authentische, das aus dem zumeist reinen Zeigen des Vorgefundenen entsteht. Hier entfaltet sich die Kritik aus dem Alltäglichen, mit dem sich jeder identifizieren kann, während Herzog sie an abgehoben wirkenden Figuren und Orten festmacht, zu denen man nur schwer einen Bezug herstellen kann.

---

97 Genau darin liegt auch eine der großen Stärken von *Koyaanisqatsi* – der Zuschauer wird dazu angeregt, seinen eigenen Kopf zu benutzen.

98 Die Wüste als bestimmendes Element war ausschlaggebend für die Wahl des Ortes für die Besprechung dieses Films innerhalb der Themen *Koyaanisqatsis*.

99 Diese Technik greift auch Reggio auf. (Vgl. IV.7.2.)

100 Vgl. Fußnote 139.

101 Womöglich lässt sich hieran ablesen, wie sich in nur einem Jahrzehnt die Parameter in den westlichen Industrienationen verändert haben. Während Herzogs Film noch ein Kind der 68er Revolution ist, ist *Koyaanisqatsi* bereits ein Zeugnis aus einer Zeit, da ebenjene Revolution als gescheitert galt.

IV.2. ORGANIC

„ […] From the age of the dinosaurs // Cars have run on gasoline // Where, where have they gone? // Now, it's nothing but flowers // There was a factory // Now there are mountains and rivers // you got it, you got it […]"

Talking Heads, *(Nothing But) Flowers*, 1988

3:37. Die fast zwei Minuten dauernde infernalische Raketenelegie, deren Widersprüchlichkeit uns den Tenor des Films eindrücklich verdeutlichte, hallt aufgrund der Abruptheit ihres Endes noch in diese Sequenz hinein, die eine Rückkehr in sogar vorarchaische Urzeiten ist. Fast ist man versucht, an die biblische Schöpfungsgeschichte zu denken, fast.

IV.2.1. Leo Marx: The Machine in the Garden (The Pastoral)

„Sehnsucht, die in der Unübersehbarkeit der texanischen Hügel und der Sierras von New Mexico aufkam: steil abfallende Autobahnen und Superhits aus der Chrysler-Stereoanlage und Hitzewellen: […] man braucht den totalen Film in der realen Zeit des Reiseverlaufs einschließlich der unerträglichen Hitze und der Musik, und all das müsste man sich wieder ungekürzt in der Dunkelkammer vorführen […]."

Jean Baudrillard, *Amerika*, 1986[102]

„Das ganze Leben der Gesellschaften, in welchen die modernen Produktionsbedingungen herrschen, erscheint als eine ungeheure Sammlung von Spektakeln. Alles, was unmittelbar erlebt wurde, ist in eine Vorstellung entwichen."

Guy Debord, *Die Gesellschaft des Spektakels*, 1967[103]

Nehmen wir einmal an, die Aufnahme der Rakete zu Beginn der Exposition wäre nicht im Film. Und nehmen wir ferner an, die Einstellungen bis zur ersten Explosion bei 17:25 kämen ohne Philip Glass' Score aus. Welches reine Bild böte sich dem Zuschauer, unaufgeladen von der Musik?

Was die weiten Totalen an Ehrfurcht vor der Natur – man ist versucht zu sagen, vor Raum und Zeit – ausdrücken, scheinen die näheren Einstellungen über die komplexe Schönheit alles Natürlichen und seiner Muster aufzuzeigen. Dass all dies durch die Filmmusik mit einem gewissen Schatten des Verdachts belegt ist, wollen wir an dieser Stelle zumindest für einen Moment ausblenden.

102 Baudrillard (1986), S. 9.
103 Debord (1967), S. 13.

Was wir vorfinden, ist das, was LEO MARX das „pastoral ideal“[104] nennt. Um zu beschreiben, was er genau darunter versteht, begibt er sich auf die Suche, vor allem durch die amerikanische Literatur, und wird bei Nathaniel Hawthorne fündig. An einem gewöhnlichen Morgen im Juli 1844 setzte sich der amerikanische Schriftsteller im Wald nahe Concord, Massachusetts nieder, „to await (as he put it) 'such little events as may happen'“[105]. „Though he had no reason to believe that anything memorable would happen, he sat there in solitude und silence and tried to record his every impression as precisely as possible.“[106]

Die Notiz handelt also vom Sehen, vom Akt des Beobachtens einfacher Naturgegenstände, wie beispielsweise „a shallow space scooped out among the woods“[107] oder „a thriving field of Indian corn“[108]. Die anfänglichen Naturaufnahmen in *Koyaanisqatsi* spiegeln genau diesen Modus der meditativen Kontemplation wider. Sie zeigen dasselbe amerikanische Idyll, von dem auch Hawthorne über hundert Jahre früher spricht.

Das Entscheidende für Marx ist hierbei nicht die unberührte Natur selbst. „What counts here, needless to say, is not the matter so much as the feeling behind it. Hawthorne is using natural facts metaphorically to convey something about a human situation. [...] Along the path, for example, he notices that 'sunshine glimmers through shadow, and shadow effaces sunshine, imaging that pleasant mood of mind where gaiety and pensiveness intermingle.'“[109]

An anderer Stelle benutzt er einen Verfremdungseffekt, womöglich um einen etwaigen Leser davon abzuhalten, zu sehr in die Meditation zu verfallen, indem er ihn imperativ anspricht: „Observe the pathway“[110] – dies geschieht wieder, um zu verdeutlichen, dass es der Mensch ist, um den es ihm hier geht, der Mensch und seine Wahrnehmung der Umwelt.

Doch wie wird diese Vorannahme im Kopf des Zuschauers von *Koyaanisqatsi* installiert, einem Film fast ohne Text, und noch dazu in einer Sequenz, die vorbestimmt scheint für eine vollständige Immersion? Einerseits haben wir natürlich die argwöhnisch anmutende Musik, die eben noch ausgeblendet war. Andererseits spielt diesbezüglich auch die Rakete eine Rolle, von der man sich anfangs vielleicht fragt, warum sie vorgezogen wurde. Dies ist allem Anschein nach deshalb geschehen, um das folgende Idyll bereits durch jenen Schatten des Ver-

104 Leo Marx: *The Machine in the Garden – Technology and the Pastoral Ideal in America.* New York 1964.

105 Marx (1964), S. 11.

106 Marx (1964), S. 12.

107 Ebd.

108 Ebd.

109 Marx (1964), S. 12f.

110 Nathaniel Hawthorne, zit. in: Marx (1964), S. 13.

dachts, von dem weiter oben bereits die Rede war, „menschlich aufzuladen“ und in den Gedanken des Zuschauers ein Spiel mit Vorahnungen in Gang zu bringen, ein Spiel mit dem trügerischen Idyll.

IV.3. CLOUDSCAPE

> *„[...] We caught a rattlesnake // Now we got something for dinner // we got it, we got it // There was a shopping mall // Now it's all covered with flowers // you've got it, you've got it [...]“*
>
> Talking Heads, *(Nothing But) Flowers*, 1988

11:22. Dieser Übergang ist sanfter als der Vorangegangene. Das Singen der Vögel, die eben noch durch die lichtdurchfluteten Höhlen geglitten sind – dem Leben wird hier seine Stimme gegeben, in einer der sehr raren Szenen des Films mit Originalton – hallt auch in den Wolken noch nach, durch welche sich das Sonnenlicht kämpft, das die Bedingung allen Lebens ist.

IV.3.1. Leo Marx: The Machine in the Garden (The Whistle)

> *„But, hark! There is the whistle of the locomotive – the long shriek, harsh, above all other harshness, for the space of a mile cannot mollify it into harmony. It tells a story of busy men, citizens, from the hot street, who have come to spend a day in a country village, men of business; in short of all unquietness; and no wonder that it gives such a startling shriek, since it brings the noisy world into the midst of our slumbrous peace. As our thoughts repose again, after this interruption, we find ourselves gazing up at the leaves, and comparing their different aspect, the beautiful diversity of green.“*
>
> Nathaniel Hawthorne[111]

> *„Die Sprache des Spektakels besteht aus Zeichen der herrschenden Produktion, die zugleich der letzte Endzweck dieser Produktion sind.“*
>
> Guy Debord, *Die Gesellschaft des Spektakels*, 1967[112]

---

111 Zit. nach: Marx (1964), S. 13f.
112 Debord (1967), S. 15.

Es ist jenes Pfeifsignal der nahenden Eisenbahn, das sich ab 11:23 in den Score mischt, und von diesem Zeitpunkt an, bis 15:46 die gesamte *Cloudscape*-Sequenz bestimmt, wenn es in für Glass typischer Manier wieder und wieder reproduziert wird. Doch es ist zunächst lediglich eine Ankündigung des noch zu Erwartenden. In diesen knapp vier Minuten sehen wir nahezu nichts als Wasser, das meiste davon in Wolkenform, teilweise auch in der flüssigen Form des Meeres. Durch die mithilfe der Zeitraffer-Technik aufgezeigte Bewegung – beschleunigt im Falle der Wolken, verlangsamt in dem des Meeres – kann man buchstäblich den Eindruck gewinnen, dass sich etwas Unheilvolles im wahrsten Sinne des Wortes zusammenbraut, wenngleich es ein Indiz für die Qualität der Musik zu sein scheint, dass sie auch in solch bedrohlichen Momenten nichts von ihrer Ambivalenz einbüßt. Stets schwingt auch etwas Erhabenes und der Natur gegenüber Ehrfürchtiges mit.

Damit korrespondierend beschreibt Marx den Schriftsteller, „sitting in his green retreat dutifully attaching words to natural facts, trying to tap the subterranean flow of thought and feeling and then, suddenly, the startling shriek of the train whistle bearing in upon him, forcing him to acknowledge the existence of a reality alien to the pastoral dream." Bemerkenswert ist an dieser Stelle noch, dass der Zuschauer des Films auf die Hawthorne-Episode bezogen gewissermaßen sowohl den Part des Lesers als auch den des Schreibers einnimmt. Der Akt des „attaching words to natural facts" wohnt auch seiner Tätigkeit des Sehens inne, indem er die stummen Bilder in Sprache zu übersetzen versucht.[113] Was jedoch die literarische Szene dem Film noch voraushat, ist die konkrete Assoziation mit der nahenden Maschine.

IV.4. RESOURCE

> *„[...] If this is paradise // I wish I had a lawnmower // you've got it, you've got it [...]"*
>
> Talking Heads, *(Nothing But) Flowers, 1988*

15:45. Auch die Kamera in der Wolkensequenz machte sich bereits bemerkbar – mit dem Einsatz des Zeitraffers und sanften Fahrten über die Landschaft. Doch nicht nur die Musik bringt hier eine neue Vehemenz mit sich. Sowohl die Schnelligkeit des Flugs, als auch seine geringe Höhe über der Wasseroberfläche haben etwas Penetrantes, ja fast Penedrierendes – man ist geneigt einzugestehen, etwas Menschliches.

113 Vgl. V.

IV.4.1. Leo Marx: The Machine in the Garden (The Counterforce)

„Trotzdem gibt es hier in diesem Land einen gewaltigen Kontrast zwischen einem zunehmend abstrakter werdenden, nuklearen Universum [...] und einer ursprünglichen, viszeralen und unzähmbaren Vitalität, Ergebnis nicht der Verwurzelung, sondern der Entwurzelung, eine metabolische Vitalität ebenso im Sex wie in der Arbeit, in den Körpern und im Handel."

Jean Baudrillard, *Amerika*, 1986[114]

„In truth, the 'little event' is a miniature of a great – in many ways the greatest – event of our history."

Leo Marx, *The Machine in the Garden*, 1964[115]

Die Maschine fährt bei 17:37 in den Garten ein.[116] „Our sense of its evocative power is borne out by the fact that variants of the Sleepy Hollow episode have appeared everywhere in American writing since the 1840s."[117] Leo Marx nennt nun eine ganze Reihe substanzieller Werke aus der amerikanischen Literaturgeschichte, wie HENRY DAVID THOREAUS *Walden*, HERMAN MELVILLES *Moby Dick*, MARK TWAINS *Huckleberry Finn*, ganz zu schweigen von F. SCOTT FITZGERALDS *The Great Gatsby* und JOHN STEINBECKS *The Grapes of Wrath*[118]. Bezogen auf „literary works called pastorals"[119] nennt er ferner jene Werke substanziell, „[which] do not finally permit us to come away with anything like the simple, affirmative attitude we adopt toward pleasing rural scenery."[120] Er fährt fort:

> „[...] these works manage to qualify, or call into question, or bring irony to bear against the illusion of peace and harmony in a green pasture. [...]

114 Baudrillard (1986), S. 17.

115 Marx (1964), S. 27.

116 Interessanterweise wartet der musikalische Höhepunkt die beiden Explosionen ab und beginnt tatsächlich erst mit dem Auftreten der Maschine. Zudem tritt diese nicht so plötzlich auf, wie man bei nur ungenauem Hinsehen vermuten könnte. Die Aufnahmen zuvor sind zu einem großen Teil von einem Helikopter aus entstanden. Die Maschine ist also bereits lange Zeit vorher gegenwärtig, wenn auch nicht sichtbar. Außerdem wird diese zunehmend bemerkbarer, spätestens bei der sehr deutlichen, weil schnellen Kamerafahrt durch die Schluchten und knapp über die Wasseroberfläche.

117 Marx (1964), S. 15.

118 Vgl. Marx (1964), S. 15f.

119 Marx (1964), S. 25. Ferner heißt es dort: „I regard those works as pastorals whose controlling theme is a variant of the conflict between art and nature – nature being represented by an idealized image of landscape."

120 Marx (1964), S. 25.

> Whether represented by the plight of a dispossessed herdsman or by the sound of a locomotive in the woods, this feature of the design brings a world which is more 'real' into juxtaposition with an idyllic vision. It may be called the counterforce."[121]

Und: „[...] it is industrialization, represented by images of machine technology, that provides the counterforce in the American archetype of the pastoral design."[122]

An jener Stelle im Film, an der diese Maschinentechnologie, bedrohlich inszeniert durch eine extreme Nähe sowie eine leichte Untersicht, den gesamten Bildausschnitt dominierend, die noch eben vorherrschenden Bilder der amerikanischen Urlandschaften ersetzt, befinden wir uns an dem entscheidenden dialektischen Schnittpunkt, den Marx „the tension between two systems of value"[123] nennt – das Idyll (der Garten) und die Maschine. Abschließend kommt er noch einmal auf Hawthorne zu sprechen: „To understand his response to the machine we must appreciate the intensity of his feeling for its opposite, the landscape."[124] Und dasselbe könne von vielen amerikanischen Autoren behauptet werden. „Their heightened sensitivity to the onset of the new industrial power can only be explained by the hold upon their minds of the pastoral idea [...] as it had been adapted, since the age of discovery, to New World circumstances."[125]

Betrachtet man *Koyaanisqatsi* als eine Pastorale, was nach Marx' Definition durchaus zulässig wäre, würde er bereits nach kaum achtzehn Minuten seinen Klimax erreicht haben. Der demnach entscheidende Konflikt wird bereits mit diesem Auftritt der symbolisch stark aufgeladenen Maschine etabliert.

---

121 Marx (1964), S. 25f. Den Begriff sieht Marx vor allem anwendbar auf die moderne amerikanische Literatur. Dennoch nennt er auch Beispiele aus der präindustriellen Zeit, so Nicolas Poussin und andere Landschaftsmaler, die sprechende Totenköpfe in ihre Gemälde integrierten, teilweise gar mit dem Motto *Et in Arcadia Ego*, Ich (der Tod) bin auch in Arkadien. Dies wäre an dieser Stelle nicht weiter erwähnenswert, stünden diese Darstellungen meiner Meinung nach nicht in Zusammenhang mit dem Werk Georgia O'Keeffes, die in der 1930er Jahren ihre Wüstenlandschaften ebenfalls mit (tierischen) Totenschädeln versah, so ihre Gemälde *Summer Days*, 1936 (Benke (1994), S. 55) oder *From the Faraway Nearby*, 1937 (Benke (1994), S. 60). Georgia O'Keeffe ist eine der vielen, die ebenfalls im Abspann von *Koyaanisqatsi* genannt unter „special thanks" werden. Vgl. auch IV.8.1.

122 Marx (1964), S. 26.

123 Ebd.

124 Marx (1964), S. 34.

125 Marx (1964), S. 35.

„But what would become of mass production and its system of financial expansion if technical perfection, durability, social efficiency, and human satisfaction were the guiding aims? The very conditions for current financial success – constantly expanding production and replacement – works against these ends. To ensure the rapid absorption of its immense productivity, megatechnics resorts to a score of different devices: consumer credit, installment buying, multiple packaging, non-functional designs, meretricious novelties, shoddy materials, defective workmanship, built-in fragility, or forced obsolescence through frequent arbitrary changes of fashion. Without constant enticement and inveiglement by advertising, production would slow down and level off to normal replacement demand. Otherwise many products could reach a plateau of efficient design which would call for only minimal changes from year to year."

Lewis Mumford, *The Pentagon of Power (The Myth of the Machine, Vol. 2)*, 1970[126]

„Mine: blast: dump: crush: extract: exhaust – there was indeed something devilish and sinister about the whole business."

Lewis Mumford, *Technics and Civilization*, 1934[127]

Es ist ein wenig verwunderlich, dass neben den fünf Namen im Abspann nicht ein sechster auftaucht. Genauso gut würde der in New York geborene Architektur- und Technikkritiker LEWIS MUMFORD in die Reihe der Ahnen von *Koyaanisqatsi* passen. Seine Thesen gehen zum großen Teil Hand in Hand mit denen von Jacques Ellul und auch Ivan Illich. „He shows in lucid detail how the modern ethos released a Pandora's box of mechanical marvels which eventually threatened to absorb all human purposes into *The Myth of the Machine* [nicht kursiv im Original][128], the title he used for his two-volume late work."[129]

Ivan Illich erwähnt Lewis Mumford. Bezeichnend ist, das es zudem eine Passage ist, die einen starken Bezug zu *Koyaanisqatsi* aufweist. Darin geht es um den Bergbau und dessen Modellcharakter für spätere Formen der Industrialisierung. Dieses Modell stelle sich laut Mumford

„in seiner brutalen Missachtung menschlicher Faktoren, in seiner Indifferenz gegenüber der Verschmutzung und Zerstörung der Umwelt, in seiner Kon-

126 Mumford (1970), S. 327.

127 Mumford (1934), S. 73.

128 Lewis Mumford: *The Myth of the Machine* (2 Vol.). San Diego 1967/1970.

129 Halton (ohne Jahr).

zentration auf physikalisch-chemische Prozesse zur Erlangung des gewünschten Materials oder Brennstoffs und vor allem in seiner topographischen und psychischen Isolierung von der organischen Welt des Bauern und des Handwerkers und von der geistigen Welt der Kirche, der Universität und der Stadt“[130]

dar. Ferner führt Mumford aus, dass „was die Umweltzerstörung und die Gleichgültigkeit gegenüber den Gefahren für das menschliche Leben betrifft, [...] der Bergbau große Ähnlichkeit mit dem Krieg“[131] habe.

Es ist nicht nur diese Ähnlichkeit mit dem Krieg, die *Koyaanisqatsi* bei 17:25 aufzeigt, als in die Bergwerksthematik mit zwei Leinwand füllenden Sprengungen eingeführt wird. Auch der Modellcharakter, von dem Mumford spricht, wird hier thematisiert, indem, abgesehen vom Prolog des Films – den Höhlenmalereien und der Rakete – diese Sequenz den ersten Eingriff des Menschen respektive der Technik in die Natur zeigt. Auf diese Weise wird die Argumentation Mumfords aufgegriffen: In der Chronologie der Industrialisierung zeigt sich der Bergbau als Wurzel allen Übels, was von der besonders dramatisierenden Musik noch unterstützt wird. In dieser Sequenz bezieht Reggio meines Erachtens eindeutig Stellung. Dass auf dem Transporter bei 17:37, dessen übergroße Ausmaße erst deutlich werden, als man einen einsteigenden Arbeiter sieht, kurz bevor er zur Gänze von einer pechschwarzen Rauchwolke umhüllt wird, zweimal in geradezu teuflisch anmutendem Rot die Ziffer „6“ geschrieben steht, und der Zuschauer gewissermaßen dazu aufgerufen wird, nach der Dritten zu suchen, kann sich um einen Zufall handeln. Viel sinnhafter erscheint jedoch die Möglichkeit eines fast schon zynischen Kommentars seitens Reggio in Richtung Lewis Mumford, der sich kaum eineinhalb Dekaden zuvor mit Vokabeln wie „destruktive[r] Charakter“, „grausame Arbeitsweise des Bergbaus“ sowie „Verarmung und Verwahrlosung“[132] geradezu in eine apokalyptische Rage schrieb.

130 Zit. nach: Illich (1973), S. 53.

131 Zit. nach: ebd.

132 Zit. nach: ebd.

IV.4.3. Die Bombe

„You know sometimes just standing here I keep wondering: are we working on them or are they working on us.“

General Leslie Groves (Paul Newman), *Fat Man and Little Boy*, 1989[133]

„All technology refers to the bomb.“

Don DeLillo, *Underworld*, 1997[134]

Die ernsthafte Auseinandersetzung mit der nuklearen Bedrohung im amerikanischen Film schien Ende der siebziger, Anfang der achtziger Jahre einen Höhepunkt erlangt zu haben. Während beispielsweise JAMES BRIDGES' *The China Syndrome* (USA 1979) und MIKE NICHOLS' *Silkwood* (USA 1983) sich mit den Gefahren der nuklearen Energiegewinnung auseinandersetzen, spielt NICHOLAS MEYERS *The Day After* (USA 1983) minutiös das Szenario eines nuklearen Erstschlags auf Kansas City durch.

Dass die Amerikaner bis heute die einzigen bleiben, die die Bombe tatsächlich als kriegerisches Mittel eingesetzt haben, ist Allgemeinwissen, soll jedoch zumindest genauso erwähnt werden wie die Tatsache, dass sie die ersten waren, die es fertig brachten, eine funktionsfähige Atombombe zu bauen – soviel zum amerikanischen Charakter der Bombe.

In *Koyaanisqatsi* wird die Darstellung der Atombombe auf die schieren Bilder von Testexplosionen beschränkt. Diesen könnte man berechtigterweise eine gewisse Ästhetisierung des Schlimmsten vorwerfen. Dem entgegengesetzt stehen die nun folgenden Ausführungen. Da die Bombe auf ihre Art das Unvorstellbare ist, scheint es praktisch egal zu sein, auf welchem Pfad man sich ihr annähert. Ihre blanke Erwähnung muss vielleicht schon genügen, um eine automatische Assoziationskette ihres monströsen Charakters hervorzurufen.

In *Koyaanisqatsi* wird die Bombe bei 21:15 zu früh gezeigt. Die Bombe bei 21:15 wird zu spät gezeigt. Die Bombe sollte überhaupt nicht gezeigt werden. Die Bombe ist das Unsägliche, die Bombe muss in jedem Film, der von ihr handelt, der einzige echte Protagonist und Antagonist zugleich sein. Um die Bombe zu begreifen, fehlt es uns an Vorstellungskraft. Die Bombe kann höchsten versuchen zu verstehen. Und wer hat dies eindringlicher getan als Günther Anders, der Zeit seines Lebens unter dem Zeichen der Bombe diese bekämpft hat wie kaum ein anderer. Nach seinen Ausführungen entzieht sie sich einer jeden wissenschaftlichen Kategorie. Sie sollen an dieser Stelle als Einführung für meinen

133 *Fat Man and Little Boy* (USA 1989, Regie: Roland Joffé).
134 DeLillo (1997), S. 467.

roten Faden dienen, als Einstieg in das Hauptwerk des großen Bombenwidersachers, dessen Verwendung in Form von langen Textauszügen in dieser Arbeit sich womöglich ebenfalls den wissenschaftlichen Kategorien entzieht.

A. Über die Bombe und die Wurzeln unserer Apokalypse-Blindheit (1956): Die Bombe

„*Als philosophisches Terrain ist die Bombe – oder richtiger:* unser Dasein unter dem Zeichen der Bombe, *denn dies ist unser Thema – ein völlig unbekanntes Gelände.*

[…] der Gegenstand […], der uns eigentlich ohne Unterbrechung mit bedrohlicher und faszinierender Überdeutlichkeit vor Augen stehen müßte, steht umgekehrt gerade im Mittelpunkt unserer Vernachlässigung*; von ihm fortzusehen, fortzuhören, fortzuleben, ist das Geschäft der Epoche […].*

Da wir die Macht besitzen, einander das Ende zu bereiten, sind wir die Herren der Apokalypse. Das Unendliche sind wir. *[…] wir sind nun nicht einfach nur Vertreter einer neuen Generation von Menschen, sondern […] durch unsere völlig veränderte Stellung im Kosmos und zu uns selbst,* Wesen einer neuen Spezies*; […]* Wir sind Titanen. *Mindestens für die mehr oder minder kurze Frist, in der wir omnipotent sind, ohne von dieser unserer Omnipotenz endgültig Gebrauch gemacht zu haben. […] Da wir Heutigen die ersten Menschen sind, die die Apokalypse beherrschen, sind wir auch die ersten, die pausenlos unter ihrer Drohung stehen. […]*

Angenommen, die Bombe würde eingesetzt: Von ‚Tun' hier noch zu reden, wäre unangemessen. Der Vorgang, durch den eine solche Tat schließlich ausgelöst werden würde, wäre so vermittelt, so undurchsichtig; würde sich aus so vielen Schritten und vermittelnden Teilschritten so vieler Instanzen zusammensetzen, von denen keiner der *Schritt wäre, daß am Ende jeder nur irgendetwas,* es *aber keiner ‚getan' hätte. Am Schluß wird es niemand gewesen sein. –*

Um der letzten Gefahr eines Gewissensrufes vorzubeugen, hat man sich Wesen konstruiert, auf die man die Verantwortung abschieben kann, Orakelmaschinen also, elektronische Gewissens-Automaten *– denn nichts anderes sind die kybernetischen Computingmaschinen, die nun, Inbegriff der Wissenschaft (damit des Fortschritts, damit des unter allen Umständen Moralischen), schnurrend die Verantwortung übernehmen, während der Mensch danebensteht und, halb dankbar und halb triumphierend, seine Hände in Unschuld wäscht. […]*

Aber selbst wenn es keine Roboter gäbe – allein die Tatsache, daß das Monströse durch tausendfach untergeteilte und vermittelte Arbeit vorbereitet werden würde, allein die Kompliziertheit *der modernen Organisation würde die Durchführung* erleichtern. *[…]*

Der Herstellung und dem Einsatz des Dinges steht also nichts im Wege: Denn es ist gerade die große Zahl der Mitbeteiligten und die Kompliziertheit des Apparates, was die Verhinderung verhindert. […]

Jedenfalls wird es auf keinen Fall schaden, wenn wir die Möglichkeit ins Auge fassen, daß die Bombe ein ganz abnormer Gegenstand ist; nämlich ein Gegenstand sui generis, das heißt:

das einzige Exemplar ihrer Gattung; [...]

Klassifizieren kann man die Bombe nicht. Sie ist ontologisch ein Unikum. Und das macht ihren anarchischen Charakter aus.

Wesen, die man nicht klassifizieren konnte, nannte man früher ‚monströs'; das heißt: als ‚monstra' hatten Wesen gegolten, die, obwohl sie kein ‚Wesen' hatten, doch da-waren und, der Frage, was sie seien, ins Gesicht lachend, ihr Unwesen trieben.

Ein solches Wesen ist die Bombe. Sie ist da, obwohl wesenlos. Und ihr Unwesen hält uns in Atem. Ihre bloße Existenz, ihr bloßer Besitz, die bloße Möglichkeit ihrer Verwendung machte die Bombe automatisch ultimativ; sie war eine Ding gewordene Erpressung, sie war es ihrem Wesen nach, gleich, ob man sie als solche einsetzen wollte, einsetzte oder nicht; [...]

Während es [...] früher sowohl zur wohlanständigen kriminellen Erpressung wie zur konventionellen Waffe gehört hatte, sich darauf zu beschränken, diejenigen zu bedrohen, auf die man abzielte, gehört es nun zur Erpressung durch die Bombe, daß sie immer zugleich die gesamte Menschheit unter Druck setzt."[135]

IV.5. VESSELS

> „*[...] Years ago // I was an angry young man // I'd pretend // That I was a billboard // Standing tall // By the side of the road // I fell in love // With a beautiful highway [...]*"
>
> Talking Heads, *(Nothing But) Flowers*, 1988

22:06. Unsere Apokalypse-Blindheit verfehlt ihre Wirkung nicht, die im Telebereich aufgenommenen Explosionen der Bombe, die wir tausendfach gesehen haben, können uns kaum mehr erschüttern. Sie sind schnell vergessen, während wir uns hinreißen lassen von der virtuosen Fähigkeit der Kamera, die eine in der Unschärfe eines Strands schlafende Mutter samt ihrer Kinder scharf werden lässt, bevor sie zurückzoomt und ein in unmittelbarer Nähe lauerndes Monstrum von einem Kraftwerk im Hintergrund offenbart.

---

135 Anders (1956), S. 235f.

IV.5.1. Jacques Ellul: Die Anbetung

> *„Hinter der christlichen Fassade entstand eine neue geheime Religion – die Religion des Industriezeitalters –, die in der Charakterstruktur der modernen Gesellschaft wurzelt, aber nicht als Religion bekannt ist. Die Religion des Industriezeitalters ist mit echtem Christentum unvereinbar. Sie reduziert die Menschen zu Dienern der Wirtschaft und der Maschinen, die sie mit ihren eigenen Händen gebaut haben."*
>
> Erich Fromm, *Haben und Sein*, 1976[136]

> *„Life unquestioned is life lived in a religious state."*
>
> Godfrey Reggio, *Essence of Life*, 2002[137]

Die Sequenz, die sich ab 22:37 entfaltet, bringt ein absurdes Element mit sich. Als würden sie im Innern einer Kraftwerkwerkanlage stehen, verharren Schaulustige, Touristen mit Fotokameras um den Hals vor eigenartig sauberen Metallaggregaten und blicken in ehrfurchtsvoller bis anbetender Haltung an der Kamera vorbei auf etwas, das dem Filmzuschauer verborgen bleibt. Seltsam befremdlich wirkte dieses Bild immer auf mich, bis ich auf eine entsprechende Passage bei Jacques Ellul stieß.

Vom Beispiel des Mythos um einen französischen Dammbau leitet er die These ab, „that mass man worships his own massive works and cannot bring himself to attribute to them a merely material value. Moreover, since these works involve immense sacrifices, it is necessary to justify the sacrifices […]."[138] Diese Betrachtungsweise lässt sich leicht auf das hier Gezeigte übertragen. Doch Ellul geht noch einen Schritt weiter: „In short, man creates for himself a new religion of a rational and technical order to justify his work and to be justified in it."[139] Mit diesem Satz im Ohr wirkt der Einfall des Sonnenlichts, welcher der Szenerie eine fast sakrale Anmut verleiht, die durch den feierlichen Chorgesang des Soundtracks noch verstärkt wird, alles andere als zufällig.

Diese Beispieleinstellung muss jedoch eher symbolisch gelesen werden. Was ich damit meine, wird deutlich, wenn wir uns Elluls Definition von Technik etwas näher ansehen. Gleich zu Beginn seiner Ausführungen grenzt er zwei Begriffe voneinander ab, die er häufig fälschlicherweise als ein und dasselbe betrachtet vorfindet: die Maschine und die Technik. Die Maschine ist für ihn lediglich „the most obvious, massive, and impressive example of technique. […] The

136 Fromm (1979), S. 141.
137 Zit. nach: *Essence of Life* (USA 2002).
138 Ellul (1954), S. 324.
139 Ebd.

machine is now not even the most important aspect of technique [...]; technique has taken over all of man's activities, not just his productive activity."[140] Die Technik, heißt es dort weiter, begann zwar mit dem Aufkommen der Maschinen, folglich würde ohne die Maschine diese nicht existieren.[141] Sie wurde jedoch im Laufe der Zeit nahezu vollends unabhängig von der Maschine. Vielmehr repräsentiert die Maschine das Ideal, dem alle Technik zustrebt.[142] „For, wherever a technical factor exists, it results, almost inevitably, in mechanization: technique transforms everything it touches into a machine."[143] Seit dem „Aufkommen" der Maschine musste also alles Dagewesene bezüglich der Bedingungen der Maschine überdacht werden:

> „And that is precisely the role technique plays. In all fields it made an inventory of what it could use, of everything that could be brought into line with the machine. [...] Technique integrates the machine into society. It constructs the kind of world the machine needs [...]. It clarifies, arranges, and rationalizes [...]. It is efficient and brings efficiency to everything."[144]

Anders gesagt: Das wachsende Verständnis für den Aufbau einer Maschine gebar die Idee, auch alles andere derart umzugestalten. Solange die Technik noch ausschließlich die Maschine repräsentiert hatte, war es noch möglich, vom „Menschen *und* der Maschine" zu sprechen.[145] „But when technique enters into every area of life, including the human, it ceases to be external to man and becomes his very substance."[146]

Dieser Blickwinkel findet sich fast eins zu eins bei Reggio wieder, wo es heißt: „So, these films have never been about the effect of technology, of industry, on people. It's been that everyone – politics, education, the financial structure, the nation-state structure, language, the culture, religion – all of that exists within the host of technology. [...] It's not that we use technology, we live technology."[147]

Noch transzendentaler wird es schließlich ebenfalls bei beiden. Für Reggio ist Technik zu etwas dem Menschen Unbewussten geworden: „Technology has become as ubiquitous as the air we breath, so we are no longer conscious of its presence." Ellul geht gar einen Schritt weiter, indem er in dem Unbewussten des

---

140 Ellul (1954), S. 3f.

141 Vgl. Ellul (1954), S. 3.

142 Vgl. Ellul (1954), S. 4.

143 Ellul (1954), S. 4.

144 Ellul (1954), S. 5.

145 Vgl. Ellul (1954), S. 6.

146 Elluls (1954), S. 6.

147 Zit. nach: *Essence of Life* (2002).

Menschen gar das Bewusstsein eines höheren Grades, eines größeren Wesens, sieht: „All-embracing technique is in fact the consciousness of the mechanized world."[148] Was genau er damit meint, erläutert wiederum Günther Anders.

B. Die Antiquiertheit des Menschen (1979): Das Subjekt der Geschichte

„Unter 'Technokratie' verstehe ich dabei nicht die Herrschaft von Technokraten (so als wäre es eine Gruppe von Spezialisten, die heute die Politik dominierten), sondern die Tatsache, daß die Welt, in der wir heute leben und die über uns befindet, eine technische ist – was so weit geht, daß wir nicht mehr sagen dürfen, in unserer geschichtlichen Situation gebe es u.a. auch Technik, vielmehr sagen müssen: in dem 'Technik' genannten Weltzustand spiele sich nun die Geschichte ab, bzw. die Technik ist nun zum Subjekt der Geschichte geworden*, mit der wir nur noch 'mitgeschichtlich' sind."*[149]

IV.5.2. Hilary Harris: Organism

> *„We have since defined Gaia as a complex entity involving the Earth's biosphere, atmosphere, oceans, and soil; the totality constituting a feedback or cybernetic system which seeks an optimal physical and chemical environment for life on this planet."*
>
> James Lovelock, *Gaia: A New Look at Life on Earth*, 1979[150]

> *„Consciousness occupies only a small part of the brain at any time."*
>
> Hilary Harris, *Organism*, 1975[151]

Während die Gaia-Theorie sich vor allem auf das natürliche, kybernetische System bezieht, zeigt Hilary Harris' Experimentalfilm *Organism* (USA 1975) vornehmlich ein künstliches, menschgemachtes Wesen, die Stadt.[152] Beide Texte

148 Ellul (1954), S. 6.

149 Anders (1980), S. 9.

150 Lovelock (1979).

151 Zit. nach: *Organism* (USA 1975).

152 Dass „Natur" und „Künstlichkeit" zwei sehr schwammige und stets einer Neudefinition ausgesetzte Begriffe sind, ist mir durchaus bewusst. Der Einfachheit halber soll an dieser Stelle die vielleicht simpelste Definition herhalten: Mit „natürlich" ist somit alles gemeint, was vom Menschen nicht berührt ist, mit „künstlich" dessen Gegenpol, also alles vom Menschen beeinflusste. Dass diese starre Abgrenzung im Verlauf der Arbeit, sogar bereits in diesem Punkt IV.5.2., nicht eingehalten werden kann, ist ein mögliches Indiz dafür, dass auch diese genauen Grenzen, die noch sehr modern anmuten, vor allem mit Beginn der Postmoderne zunehmend verschwimmen. Die gegenpolige Definition, wo-

stehen jedoch in einer Reihe mit den soeben besprochenen. Die Idee, die allen innewohnt, ist die Annahme der Möglichkeit, dass es einen Organismus höheren Grades gibt, innerhalb dessen der Mensch nur eine austauschbare Zelle ist.

Organism enthält bereits wichtige Aspekte von *Koyaanisqatsi*. Mithilfe einer assoziativen Parallelmontage alterniert er mikroskopische Aufnahmen aus dem Innern des menschlichen Körpers mit Zeitraffer-Aufnahmen der amerikanischen Metropole, wobei die ähnlichen Abläufe beider Organismen aufgezeigt werden. Die naturwissenschaftlichen Off-Kommentare zur Funktionsweise des Körpers passen an vielen Stellen erstaunlich gut auch auf die Stadtaufnahmen. Bereits hier macht der Zeitraffer die Menschen- und Verkehrsströme erst deutlich sichtbar. Einen auch für *Koyaanisqatsi* interessanten Aspekt diesbezüglich wirft SCOTT MACDONALD in seinem Buch *The Garden in the Machine*[153] auf:

> „While we may understand that, from a health standpoint, traffic jams are a problem, time-lapsing generally charms the eye into an appreciation for the degree to which the systematic processes of the city do function, and Harris' success in developing the analogy between city and human body suggests that the urban systems are as natural and as inevitable as the bodily systems documented in the microphotography."[154]

Harris' Film schlägt zwar weniger kritische Töne an. Anders' „Subjekt der Geschichte" und Elluls „consciousness of the mechanized world" könnten jedoch durchaus auch in *Organism* gelesen werden. Ob dieses Subjekt tatsächlich ein Bewusstsein entwickelt hat, beantwortet natürlich auch dieser Film nicht. Die Assoziation von Menschen mit Körperzellen lässt jedoch eine wenn auch rhetorische Frage aufkommen, deren Antwort, da wir sie zu wissen glauben, umso erschreckender ist: Weiß die einzelne Körperzelle vom Bewusstsein dessen, deren Teil sie ist?

---

nach es vermessen wäre, zu glauben, dass der Mensch überhaupt in der Lage ist, etwas der Natur übergeordnetes herzustellen, findet sich zwischen den Zeilen vieler der hier verwendeten Texte wieder. Mal schlägt das Pendel in die eine, mal in die andere Richtung – auf jeden Fall ist es ständig in Bewegung. Es ist diese Beweglichkeit, die *Koyaanisqatsi* auszeichnet. Man bekommt keine „Wahrheiten" präsentiert, sondern man darf sie selbst bilden.

153 Scott MacDonald: *The Garden in the Machine – A Field Guide to Independent Films about Place.* Los Angeles, Berkely 2001.

154 MacDonald (2001), S. 168.

„Der gegenwärtige Moment ist bereits derjenige der Selbstzerstörung des städtischen Milieus. Die Zersplitterung der Städte auf das Land […] wird unmittelbar von den Erfordernissen des Konsums geleitet. Die Diktatur des Automobils […] hat sich durch die Herrschaft der Autobahn, die die alten Zentren sprengt und eine immer stärkere Zerstreuung gebietet, dem Gelände aufgeprägt."

Guy Debord, *Die Gesellschaft des Spektakels*, 1967[155]

„All the converging highways and the gathering whiplike noise of traffic made her wonder – folishly, she knew well – if modern life with its emphasis on highways had not robbed men and women of some intrinsic beauty that the world possessed. She well knew that they couldn't have got to Chelmsford Beach if it hadn't been for the highways that seemed so alien."

John Cheever, *Oh What a Paradise It Seems*, 1982[156]

„Wenn übereffiziente Werkzeuge eingesetzt werden, um dem Menschen den Umgang mit seiner natürlichen Umwelt zu erleichtern, könne sie Mensch und Natur aus dem Gleichgewicht bringen."[157] So führt Ivan Illich in einen weiteren Themenkomplex ein, der mit „Das radikale Monopol"[158] betitelt ist und welcher allein über die Bedeutung des Wortes „Koyaanisqatsi"[159] aufs Engste mit dem Film verknüpft ist.

Unter einem radikalen Monopol versteht er „eine Form der Dominanz eines einzelnen Produkts, die weit über das hinausgeht, was der Begriff normalerweise impliziert"[160]. Im Gegensatz zum einfachen Monopol, welches zwar „die Wahlmöglichkeiten des Konsumenten"[161], nicht aber „Freiheiten auf anderen Gebieten"[162] einschränkt, ist ein Monopol dann ein radikales Monopol, „wenn ein einziger Produktionsprozeß der Befriedigung eines starken Bedürfnisses dient und nichtindustrielle Tätigkeiten vom Wettbewerb ausgeschlossen sind"[163]. Illichs erstgenanntes und auch hier relevantes Hauptbeispiel ist das Automobil, das auf ebenjene Art den Verkehr monopolisieren kann. Dies zeigt er ausge-

155 Debord (1967), S. 149.
156 Cheever (1982), S. 882.
157 Illich (1973), S. 82.
158 Ebd.
159 Vgl. *Koyaanisqatsi* (USA 1982) bei 1:17:58: „3. life out of balance".
160 Illich (1973), S. 82.
161 Ebd.
162 Ebd.
163 Illich (1973), S. 83.

rechnet am Beispiel von Los Angeles auf, wo es laut Illich „praktisch unmöglich geworden [ist], sich zu Fuß oder per Fahrrad fortzubewegen“[164]. „Ein radikales Monopol besteht also dann, wenn der motorisierte Verkehr dem Menschen das Recht beschneidet, zu Fuß zu gehen“[165], fasst er zusammen.

Den Ersten in einer langen Reihe von Highways zeigt *Koyaanisqatsi* nach etwa einem Drittel des Films. Dabei sind die ersten beiden Einstellungen (25:33 und 25:40) derart kadriert, dass, abgesehen von den Autos, nichts als der Asphalt der Straßen zu sehen ist. Die folgenden Kamerafahrten aus der Vogelperspektive über die Highway Intersections (25:47 und 25:54), die verschiedene Wohn-, Gewerbe- und Industriegebiete voneinander trennen, sowie der totale Schwenk über diverse parallel verlaufende und sich auf mehreren Höhenebenen kreuzende Highways (26:01) verdeutlichen dieses radikale Monopol auf eindringliche Weise. Das sporadisch die Betonwüste aufbrechende Grün in letztgenannter Einstellung wirkt nurmehr wie ein zynischer Kommentar. Hier wird eine Infrastruktur gezeigt, die den Besitz eines Autos unerlässlich erscheinen lässt, und die keinen Raum für Radfahrer, geschweige denn Fußgänger lässt. Illich spricht diesbezüglich von einer „Raumverknappung“[166], zu der schnelle Fahrzeug beitragen, und um derentwillen die „Schnellstraßen in bevölkerte Gebiete getrieben“[167] werden. „Autos lassen Entfernungen entstehen“[168], die zu Fuß zu bewältigen gar nicht mehr denkbar ist.

Ein weiteres, wichtiges Argument diesbezüglich formuliert Illich anhand des Ausbaus des mexikanischen Verkehrsnetzes seit 1945.[169] Nach dem zweiten Weltkrieg wurde dort von Jahr zu Jahr mehr in neue Straßen investiert, vornehmlich „für den Bau von Verbindungsstraßen zwischen einigen wichtigen Zentren“[170]. Eine Untersuchung in zwei typischen Staaten Mexikos aber zeigte, dass in einer beliebigen Stunde des Jahres 1970 weniger als ein Prozent der Bevölkerung weiter als 25 Kilometer reiste. Für Illich wären für die anderen über 99 Prozent „Schubkarren und Fahrräder [...] eine technologisch sinnvollere Lösung gewesen als der vielgepriesene Ausbau der Verbindungsstraßen“[171]. Ferner ist er von der Ineffizienz der heutigen Nutzung von Autos überzeugt, die von der dominierenden Vorstellung herrühre, „hohe Geschwindigkeiten wären

164 Illich (1973), S. 83.
165 Ebd.
166 Ebd.
167 Ebd.
168 Ebd.
169 Vgl. Illich (1973), S. 62f.
170 Illich (1973), S. 62.
171 Illich (1973), S. 63.

gleichbedeutend mit einer besseren Beförderung"[172]. Der Geschwindigkeitswahn ist für ihn „eine Form von Geisteskrankheit"[173] – „in einer Gesellschaft [...], die dem Geschwindigkeitswahn verfallen ist, zeigt der Tacho die Klassenzugehörigkeit an"[174] und dessen Förderung „ist zudem ein Mittel der sozialen Kontrolle"[175]. Mit anderen Worten: Nur wer über die entsprechenden finanziellen Mittel verfügt, kann die Infrastruktur nutzen.

Dieser Geschwindigkeits*wahn* wird auch in *Koyaanisqatsi* aufgegriffen. Die subjektiven Kamerafahrten – von einem Auto selbst aus aufgenommen – über die mehrstöckigen (58:26) und multispurigen Highways (59:21) machen die Geschwindigkeit für den Zuschauer aktiv am eigenen Leib erlebbar – und durch die Zeitraffer-Technik zudem in einer Schnelligkeit, die ein echtes Fahrerlebnis nicht bieten kann. Auf diese Weise wird hier nicht nur die Geschwindigkeit an sich, sondern auch der Geschwindigkeits*wahn* selbst thematisiert. Dies wird auf zweierlei Weise umgesetzt. Zum einen beschleunigt sich die Frequenz der Einstellungen von Mal zu Mal, sowohl die bereits Genannten als auch die Folgenden bei 1:01:35 und 1:03:04. Außerdem tendieren die letztgenannten Nachtaufnahmen durch die längere Belichtungszeit der Einzelbilder, welche die Aufnahmen zunehmend verschwommener macht, zur Abstraktion des gezeigten Motivs. Der Wahnsinn wird also verdeutlicht, indem das Gezeigte mehr und mehr von seinem Inhalt (oder Sinn) abgelöst wird. Die von Illich genannte soziale Komponente greift der Film (zumindest hier) nicht auf.[176]

Was jedoch in diesem Zusammenhang ebenfalls sowohl von Illich als auch im Film thematisiert wird, ist die Problematik des Staus. Illich führt diesen auf die zu hohe Höchstgeschwindigkeit in den Verkehrssystemen zurück. Wenn diese an einem „beliebigen Punkt eines Verkehrsnetzes eine bestimmte Stundenkilometerzahl überschreitet, müssen die meisten Menschen zunehmend Zeit damit verbringen, in Verkehrsstaus zu sitzen, auf Anschlußzüge zu warten oder von Unfällen zu genesen"[177]. Eine Lösung liegt für ihn in der drastischen Reduzierung der Höchstgeschwindigkeit auf die Fahrradgeschwindigkeit. Wenn diese durchbrochen werde, verlängere „sich die Gesamtzeitspanne, die monatlich pro Kopf zu Diensten der Verkehrsindustrie verbracht wird"[178]. Und tatsächlich erscheint die Geschwindigkeit bei 26:20 in einem überlasteten Verkehrssystem eher noch langsamer als die eines Fahrradfahrers.

---

172 Illich (1973), S. 64.
173 Ebd.
174 Ebd.
175 Ebd.
176 Vgl. IV.6.1.
177 Illich (1973), S. 121.
178 Illich (1973), S. 122.

„Als ich gestern weit außerhalb von L.A. einen Highway entlangwanderte, sauste mir ein motorisierter Polizist nach und stoppte.

'Say', rief er mich an, 'what's the matter with your car?'

'Meinem car?' fragte ich ungläubig.

'Sold her?' (ihn verkauft?) [...]

'Ihn? Aber ich habe doch gar keinen.' [...]

'Ich habe nämlich', erläuterte ich [...], 'niemals einen besessen.' [...]

'Sie haben nie?'

'Na sehen Sie!' [...] Und fröhlich und arglos grüßend, versuchte ich, meine Wanderung wieder aufzunehmen.

Aber davon konnte nun keine Rede mehr sein. Im Gegenteil. 'Don't force me, Sonny!', meinte er nun nämlich und zog sein Büchlein, 'keine Geschichten gefälligst!' [...] 'Und warum haben Sie nie einen besessen?' [...]

'Weil es für einen Car nie bei mir gelangt hat', antwortete ich also, und zwar schulterzuckend und so beiläufig wie möglich: 'Weil ich halt nie einen nötig hatte.' [...] 'Is that so?' [...] 'Und warum hat sonnyboy keinen Wagen nötig?'

Sonnyboy zuckte ängstlich mit den Achseln. 'Weil er anderes eben nötiger braucht.'

'Zum Beispiel?'

'Bücher.'

'Aha!' [...] 'Bücher.' [...] 'Don't act the moron!' [...] 'We know your kind'.“[179]

---

179 Anders (1956), S. 172f.

IV.5.4. Joan Didion: Bureaucrats

„Das auf die Vereinzelung gegründete Wirtschaftssystem ist eine zirkuläre Produktion der Vereinzelung. Die Vereinzelung begründet die Technik, und der technische Prozeß vereinzelt wiederum. Alle durch das spektakuläre System ausgewählten Güter, vom Auto bis zum Fernsehen, sind auch seine Waffen, um beständig die Vereinzelungsbedingungen der 'einsamen Mengen' zu verstärken. Das Spektakel findet immer konkreter seine eigenen Voraussetzungen wieder. […] Das Spektakel vereinigt das Getrennte, aber nur als Getrenntes."

Guy Debord, *Die Gesellschaft des Spektakels*, 1967[180]

„As you acquire the special skills involved […] the freeway becomes a special way of being alive … the extreme concentration required in Los Angeles seems to bring on a state of heightened awareness that some locals find mystical."

Reyner Banham, *Los Angeles: The Architecture of Four Ecologies*, 1971[181]

JOAN DIDIONS Essay *Bureaucrats*[182] von 1976 befasst sich mit dem Los Angeles Office of Caltrans, was ein Akronym für das California Department of Transportation ist. Darin erfährt der Leser von ihrem Besuch in der South Spring Street in Downtown Los Angeles, wo sich die Zentrale von Caltrans befindet, und von wo aus Ingenieure ein zu dieser Zeit neuartiges Pilotprojekt beaufsichtigen, den sogenannten „42-Mile Loop". Dabei handelt es sich um eine Art Verkehrsüberwachungs- und Steuerungssystem, das mithilfe von in die Santa Monica, San Diego und Harbor Freeways eingelassenen Sensoren arbeitet. Dabei werden unter anderem „incidents" registriert. „An 'incident' is the heart attack on the San Diego, the jackknifed truck on the Harbor, the Camaro just now tearing out the Cyclone fence on the Santa Monica"[183], beschreibt Didion exemplarisch die Registrierungen. Der Begriff „heart attack" könnte kaum bezeichnender gewählt worden sein. Aufhänger für Didions Besuch im Caltrans war der Santa Monica freeway, der sich seit Bestehen der Behörde in einen „16,2 Meilen langen Parkplatz" verwandelt hat.[184] Ob es genau jener freeway ist, der in *Koyaanisqatsi* ab 26:20 zu sehen ist, bleibt fraglich. Das Parkplatzproblem ist jedoch auch hier deutlich zu sehen – ein Vorankommen ist nur sporadisch zu erkennen.

---

180 Debord (1967), S. 25.

181 Zit. nach: Didion (1976), S. 239.

182 Joan Didion: *Bureaucrats* (1976). In: Joan Didion: We Tell Ourselves Stories in Order to Live, Collected Nonfiction. New York 2006.

183 Didion (1976), S. 236.

184 Vgl. Didion (1976), S. 237.

Zur Hauptursache des Staus hat Caltrans das erklärt, was Didion „a central Southern California illusion, that of individual mobility“[185] nennt, die sich darin äußert, dass nahezu jeder in seinem eigenen Auto zur Arbeit fährt. Diese Problematik wird auch im Film deutlich. Ohne Ausnahme transportieren die bei 26:58 (von vorne) und 27:04 (von hinten) in extremen Teleaufnahmen gezeigten Autos lediglich ihren Fahrer. Als potentielle Lösung des Problems hat die Behörde die sogenannte „Diamond Lane“ eingeführt, die lediglich von Pendlerwagen befahren werden darf, die mindestens drei Menschen befördern.

Das Scheitern dieser Initiative führt Didion auf das zurück, was sie die „freeway experience, which is the only secular communion Los Angeles has“[186] nennt, „the freeway as regional mystery“[187]. Der Fahrt auf einem – oder vielmehr dem Teilnehmen am – freeway schreibt sie zudem meditative und sogar kathartische Wirkung zu: „Actual participants think only about where they are. Actual participation requires a total surrender, a concentration so intense as to seem a kind of narcosis, a rapture-of-the-freeway. The mind goes clean. The rhythm takes over. A distortion of time occurs“[188].

Auf den Film bezogen nimmt sie also gewissermaßen eine Gegenposition zu Reggio ein, indem sie ein eindringliches Argument für den „American way of driving“ liefert, der für sie tief in der Gegenwartskultur verankert ist. Was beide jedoch verbindet, ist die Kritik an der Bürokratie, die den Bedürfnissen des Einzelnen und ihrer eigenen Zweckmäßigkeit gegenüber oft blind erscheint. Als Didion am Ende ihres Essays berichtet, dass sie es sich nicht nehmen lässt, über die gesamten 16,2 Meilen des Santa Monica freeway nach Hause zu fahren, zieht sie eine empörende Statistik zu Rate: Während sich in sechs Wochen ohne Diamond Lane normalerweise zwischen 49 und 72 Unfälle ereignen, waren es nun 204 im gleichen Zeitraum. Trotzdem wurden Pläne veröffentlicht, das Programm auf weitere freeways auszubauen, für 42,5 Millionen Dollar.[189]

An dieser sich selbst widersprechenden Gegenüberstellung zweier Standpunkte wird meines Erachtens die Tragweite der Ambiguität der gesamten Problematik deutlich. Jede Fragestellung hat viele mögliche Antworten, genau wie jedes Bild in *Koyaanisqatsi* aufgrund seiner Ungeschminktheit zahllose Lesarten zulässt.

---

185 Didion (1976), S. 237.

186 Didion, S. 238.

187 Didion, S. 239.

188 Ebd.

189 Vgl. Didion, S. 240.

„Es war idyllisch. Es waren […] noch die Zeiten, als man ein Physiker sein konnte, ohne sich schuldig zu fühlen; die Zeiten, als es noch möglich war zu glauben, daß man zum größeren Ruhme Gottes arbeitete. Heutzutage ist einem nicht einmal mehr der Trost der Selbsttäuschung erlaubt. Man wird von der Kriegsmarine bezahlt und von der Staatspolizei überwacht. Ad majorem dei gloriam? *Sei kein Idiot!* Ad majorem hominis degradationem – *dazu arbeitest du! Aber 1921 lagen Höllenmaschinen noch ungefährlich in der Zukunft."*

Aldous Huxley, *Das Genie und die Göttin*, 1955[190]

„I was part of a mechanism."

Robert McNamara, *The Fog of War*, 2003

Der Kuleschov-Effekt schlägt buchstäblich ein wie eine Bombe. Panzer, so weit das Auge reicht, an massenproduzierte Autos geschnitten. Die durch den Krieg florieren-de Industrie, weltgeschichtliche Konstante der erfolgreichen Volkswirtschaft? Ein weiter Bogen wird gespannt: Die ekstatische Vorführung der Kriegsmaschinerie und der Raketentechnik, die Raumfahrt und Waffensysteme gleichwertig nebeneinander präsentiert – man denke an die Rede EISENHOWERS, man denke an WERNHER VON BRAUN – gefolgt von der Zerstörungskraft blinder Flächenbombardements, endet abrupt auf dem New Yorker Rockefeller Center, symbolische Hochburg des „Big Business". Hier ist der Krieg kaum mehr als ein großes Geschäft, das reiche Männer noch reicher macht, das mächtigen Männern die Mittel zur Verfügung stellt, um sich in monumentalen Gebäuden zu verewigen. Man denke an Vietnam und Napalm, man denke an das Abladen von Bomben über Kambodscha, man denke an die verkaufte Seele der Wissenschaft. Auf dem Flugzeugträger steht die entsprechende Formel geschrieben: $E=mc^2$. Es ist die Formel, die die Welt in ihrem Innersten zusammenhält, die willkommene Entschuldigung dafür, moralische Maßstäbe außen vor zu lassen.

---

190 Huxley (1955), S. 43.

„[...] This used to be real estate // Now it's only fields and trees // Where, where is the town // Now, it's nothing but flowers // The highways and cars // Were sacrificed for agriculture // I thought that we'd start over // But I guess I was wrong [...]"

Talking Heads, *(Nothing But) Flowers*, 1988

29:50. Schuss. Rockefeller Center. Gegenschuss. Ein wüstenfarbenes New York aus der Vogelperspektive, im Zeitraffer, beruhigend und mit diskreter Distanz. Die Stadt, ein Ornament, zum zweiten Mal der Einsatz von Originalton.

Die Musik beginnt, eine Bootsfahrt den East River hinauf – aus der Perspektive früher Siedler, noch bevor sie den Boden betraten – mit seitwärts gerichtetem Blick auf Midtown Manhattan, Mietskasernen, errichtet auf dem Franklin-Delano-Roosevelt-Drive. Dann ein verstohlener Blick in eine schattige, enge Straße in Downtown Manhattan, die Häuser errichtet vor Inkrafttreten des Zoning Law – die Wall Street, *das* Symbol für die Kapitalakkumulation. Eine kurze Zwischeneinstellung, zwei sich überlappende Hochhausfassaden, eine aus Stein, eine aus Glas. Wessen Büros befinden sich dahinter? Die Ungewissheit bleibt, während die nächste Aufnahme uns mitnimmt ins zerrissene Herz der South Bronx.

IV.6.1. Marshall Berman: All That Is Solid Melts into Air

„Zum ersten Mal ist eine neue Architektur, die in jeder früheren Epoche der Befriedigung der herrschenden Klassen vorbehalten war, direkt den Armen zugedacht. […] Die autoritäre Entscheidung, die abstrakt den Raum zu einem Raum der Abstraktion gestaltet, steht natürlich im Zentrum dieser modernen Konstruktionsbedingungen."

Guy Debord, *Die Gesellschaft des Spektakels*, 1967[191]

„[Die Sanierer] vergessen […] völlig, daß die schönsten Spielplätze schon immer die zufälligen Lücken, Nischen, Seitenwege, stillen Plätzchen, Winkel und unerwarteten Zugänge zum Wasser waren, die überall dort zu finden sind, wo der offizielle Planungsprozess seinen Entwurf nicht umsetzen konnte."

Leopold Kohr, *Das Wesen der Slums*, 1967[192]

In seinem Buch *All That Is Solid Melts Into Air*[193] unternimmt der amerikanische Philosoph MARSHALL BERMAN den Versuch, sich dem anzunähern, was er „The Experience of Modernity"[194] nennt. Exemplarische Persönlichkeiten sowie literarische Figuren zieht er zu Rate, und kommt über GOETHES Faust, KARL MARX und CHARLES BAUDELAIRE in seinem abschließenden Kapitel auf ROBERT MOSES zu sprechen. Dieser steht mit seinem Namen Pate für das Kapitel, ergänzt mit dem Beititel „The Expressway World" und kommt eingangs auch gleich selbst zu Wort: „When you operate in an overbuilt metropolis, you have to hack your way with a meat axe. I'm just going to keep right on building. You do the best you can to stop it."[195] Die Metropole, von der er spricht, ist natürlich New York, deren Stadtplanung Moses von den 1930er bis in die späten 1960er Jahre entscheidend prägte.[196]

In diesem letzten Kapitel, das mehr im Stile eines persönlichen Erfahrungsberichts gehalten ist als in dem einer wissenschaftlichen Abhandlung, erzählt Berman von der Bronx, einem New Yorker Stadtbezirk, in dem er in den 1940er und 1950er Jahren aufwuchs – in einer Zeit, als dieser noch nicht das war, was er „an international code word for our epoch's accumulated urban nightmare"[197] nennt. Den Ursprung des Verfalls des einst blühenden Stadtteils sieht er im Cross Bronx Expressway, einer Stadtautobahn, die auf Geheiß von Robert

191 Debord (1967), S. 148.

192 Kohr (1967), S. 42.

193 Marshall Berman: *All That Is Solid Melts Into Air*. New York 1982.

194 Untertitel des Buches.

195 Zit. nach: Berman (1982), S. 290.

196 Vgl. Robert Caro: *The Power Broker*. New York 1975.

197 Berman (1982), S. 290.

Moses ohne jegliche Rücksicht auf bereits bestehende Bebauung quer durch bewohntes Gebiet errichtet wurde.

An diesem Beispiel beschreibt er in der Folge jene „Erfahrung der Moderne" – aus der Sicht seines jugendlichen Selbst, das in den späten 1950er und frühen 1960er Jahren Augenzeuge wurde, wie „the center of the Bronx was pounded and blasted and smashed"[198], sowie aus der Sicht derer, die diese Straße zu Beginn der 1980er Jahre täglich befuhren und die einen kurzen Einblick in das „dreadful fate"[199] der Bronx erhaschten: „hundreds of boarded-up abandoned buildings and charred and burnt-out hulks of buildings; dozens of blocks covered with nothing at all but shattered bricks and waste"[200].

Diese Bilder, eins zu eins abgebildet in *Koyaanisqatsi*, bilden von 31:07 bis 33:00 eine Art Zwischenexposition vor dem Höhepunkt der „Pruitt-Igoe"-Sequenz. In langsam startenden und in immer höherer Frequenz geschnittenen Einstellungen wird versucht, den Verfall spürbar zu machen.

Mit Berman im Hinterkopf, werden die Fragen nach dem Verbleib der einstigen Bewohner der leerstehenden Häuser aufgeworfen, und in Hinblick auf den Expressway auch dem jener 60.000 Juden, Italiener, Iren und Afroamerikaner aus der Arbeiter- und Mittelschicht, die im Zuge dieses umstrittenen Großbauprojekts ihres Zuhauses beraubt wurden.[201]

Anfangs zeigen die Bilder im Film lediglich die sich selbst überlassenen Überreste der Backsteinarchitektur, bevor zunehmend auch Menschen zu sehen sind – zu Beginn verschwindend klein hinter den Schuttbergen und schließlich im Mittelpunkt des Geschehens. Es ist einerseits natürlich ein düsterer Eindruck, der hier entsteht: in die Gesichter der Erwachsenen liest man nur allzu leicht Desillusion und Müdigkeit hinein – die meisten sitzen oder stehen wie paralysiert an Ort und Stelle. Andererseits geht selbst an einem solchen Ort das Leben weiter: Die Kinder spielen zwar nicht einmal auf dem heruntergekommenen Spielplatz, sondern in einer Pfütze am Straßenrand – aber sie spielen. Der Vogelschwarm, der ab 32:54 durch die Häuserschluchten fliegt, ist ebenfalls ein Symbol des Lebens und sicherlich mit Bedacht gewählt. Dennoch überwiegt auch hier die sozialkritische Komponente, wenn auch stets begleitet von der Vergewisserung, dass, so schlecht die Verhältnisse auch sein mögen, das Leben immer einen Weg findet.

Bermans Text verknüpft ferner zwei Hauptmotive von *Koyaanisqatsi*: die Straße und den Verfall. Am Beispiel des Cross-Bronx Expressway findet er zudem

---

198 Berman (1982), S. 292.
199 Berman (1982), S. 291.
200 Ebd.
201 Vgl. Berman (1982), S. 292.

einen Erklärungsansatz dafür, wie urbaner Verfall konkret vonstatten geht – in diesem Fall in dem Tatbestand, dass ersteres Motiv eine Bedingung des letzteren sein kann:

> „Indeed, when the construction was done, the real ruin of the Bronx had just begun. […] Miles of streets alongside the road were choked with dust and fumes and deafening noise […] Apartment houses that had been settled and stable for twenty years emptied out, often virtually overnight […] construction had destroyed many commercial blocks, cut others off from most of their customers and left the storekeepers not only close to bankruptcy but, in their enforced isolation, increasingly vulnerable to crime […] Thus depopulated, economically depleted, emotionally shattered – as bad as the physical damage had been, the inner wounds were worse – the Bronx was ripe for all the dreaded spirals of urban blight.“[202]

IV.6.2. Luis Buñuel: Los Olvidados

> *„Es ist eine unzulässige Vereinfachung, wenn man sagt […], daß ich die unmenschliche industrialisierte Welt verdamme, die den Einzelnen unterdrückt und ihn neurotisch macht. Meine Absicht […] war es, die Poesie dieser Welt zu übersetzen, in der selbst Fabriken ästhetisch wirken können. Die Linien und Kurven der Fabriken und ihrer Schornsteine können ästhetischer sein als die Umrisse von Bäumen […]. Die Neurose, die ich in Die rote Wüste zu beschreiben versucht habe, ist vor allem eine Frage der Anpassung. Es gibt Menschen, die sich anpassen, und andere, die es nicht schaffen, weil sie vielleicht zu sehr in Lebensweisen verwurzelt sind, die heutzutage einfach veraltet sind.“*
>
> Michelangelo Antonioni[203]

> *„What good is technology if it only causes unease?“*
>
> Seymour Chatman, *Antonioni, or the Surface of the World*, 1985[204]

„I had come in touch with this extraordinary film by Luis Buñuel, called *Los Olvidados*, and that film moved me, gave me the equivalent of a spiritual experience. That film moving me so much, I felt that I would take that concern into a more plastic form of mass culture through film […].“[205] So beschreibt Reggio das, was vielleicht *das* Initialerlebnis war, ohne welches *Koyaanisqatsi* womöglich

---

202 Berman (1982), S. 293.

203 Zit. nach: Düttmann (2005), S. 82.

204 Chatman (1985), S. 105.

205 Zit. nach: *Essence of Life* (USA 2002)

nicht entstanden wäre. Und ganz sicher war der Film nicht nur ein Anstoß, sondern ebenso eine wichtige Inspirationsquelle, wie die folgenden Ausführungen aufzeigen sollen.

Die Geschichte der Einzelschicksale, die in Luis Buñuels *Los Olvidados* (MEX 1950) erzählt werden, sollen uns hier ebenso wenig interessieren, wie *Koyaanisqatsi* von solchen Individualgeschichten handelt. Im Fokus stehen soll vielmehr der Rahmen der Handlung sowie der Hintergrund, vor dem sich die Geschichte abspielt, und der auch Reggios Vordergrund bestimmt.[206] Der Rahmen des Films wird durch das gebildet, was SIEGFRIED KÖNIG die „quasi-dokumentarische[...] Einleitung"[207] nennt. Dabei bezieht er sich auf die Stimme aus dem Off, die zu Aufnahmen von New York, London und Paris die Armut und Jugendkriminalität als ein globales Problem entlarvt. Auch Mexiko City stelle diesbezüglich keine Ausnahme dar, so der Erzähler, kurz bevor er den Zuschauer in die eigentliche Geschichte entlässt, mit der Buñuel den „'Vergessenen', den Opfern der sozialen Mißstände einer brutalen, scheinheiligen und ungerechten modernen Gesellschaft, deren Schicksal universell ist, wie uns der Prolog des Films mitteilt, […] ein visuelles Denkmal"[208] setzt. Siegfried König findet dafür noch drastischere Worte: „Was Buñuel uns bietet, ist ein Blick in eine Welt der Armut, Gemeinheit und Hoffnungslosigkeit. In eine Welt, in der Eltern ihre Kinder verstoßen und in der Blinde und Krüppel ausgeraubt werden. Es ist ein Blick in die Hölle."[209] Was von *Los Olvidados* also bestimmt in *Koyaanisqatsi* eingeflossen ist, ist eben dieser unbeschönigte, dokumentarische Blick auf die Slums dieser Welt.[210]

Ein weiterer relevanter Aspekt ist sicherlich die Rolle der architekuralen Symbolik in *Los Olvidados*, wenngleich sich diese nur an wenigen, aber für mich entscheidenden Stellen des Films offenbart. Zwei der besonders brutalen Szenen spielen im Schatten eines im Entstehen begriffenen Hochhauses, etwas außerhalb der engen Gassen. Die erste trägt sich nach nur knapp zehn Filmminuten zu und zeigt den hinterhältigen Überfall auf den blinden Bettler (Miguel Inclan). Die Szene beginnt mit einer von der geometrischen Silhouette des Stahlskeletts dominierten Einstellung und schwenkt erst allmählich herab auf das „Niveau der Menschen am Boden", auf dem sich das Verbrechen abspielt. An gleicher Stelle findet nur zehn Filmminuten später der erste Mord statt: Jaibo (Roberto

---

206 Vgl. V.

207 König (ohne Jahr).

208 Pötting (ohne Jahr).

209 König (ohne Jahr).

210 Diese Thematik wird in *Koyaanisqatsi* vor allem in der „Pruitt-Igoe"-Sequenz behandelt, was auch der Grund für die Ausführungen über *Los Olvidados* an dieser Stelle in der Arbeit ist – Mexico City zwischen der South Bronx und St. Louis.

Cobo) erschlägt hinterrücks einen jungen Bauarbeiter. Die Szenerie mit der modernen Architektur im Hintergrund wurde nicht zufällig gewählt. Vielmehr dient das Gebäude als Symbol für die Moderne selbst. Man denkt dabei fast unweigerlich an die Filme MICHELANGELO ANTONIONIS, in denen diese moderne Architektur mit ähnlicher Intention inszeniert wird.

SEYMOUR CHATMAN hat sich intensiv mit der Bedeutung der Architektur in Antonionis Werk auseinandergesetzt.[211] Er schreibt:

> „The city planning and architecture of Milan in La notte or of Rome in L' eclisse did not cause Lidia's and Vittoria's problems. But personal problems and bad buildings and misused public space are all parts of a vaster network of problems facing Western man. Bad architecture is simply one visible, concrete manifestation of the malattia dei sentimenti.“[212]

Diese Einschätzung lässt sich ohne Weiteres auf *Los Olvidados* übertragen. Die Ambivalenz, die er dieser modernen Architektur zuschreibt, besteht für Chatman zwischen zwei Polen – dem Gefühl der Einsamkeit, das diese hervorbringt und dem, was er eine „perverse Schönheit“[213] nennt: „The beauty is that of pure geometry and the smooth perfection of modern materials; the loneliness issues from the lack of human relevance.“[214] Ebenso leicht lassen sich seine Ausführungen, besonders in ihrer verallgemeinerten Form, auf die entsprechenden Szenen in *Koyaanisqatsi* übertragen: „The human being is the purpose for which the buildings have been constructed, yet among them [Lydia] is not only dwarfed but alien, unassimilable.“[215]

Was Antonionis Filme jedoch gemeinsam mit *Koyaanisqatsi* von *Los Olvidados* unterscheidet, ist, dass bei ersteren Mensch und Architektur eine Symbiose eingehen – die leblose Art der Bauweise scheint sich direkt entfremdend auf den Menschen auszuüben. In Buñuels Film hingegen wird das Hochhaus allegorisch besetzt – es dient als Symbol einer Moderne, von deren Vorzügen die Protagonisten nicht nur buchstäblich ausgeschlossen bleiben. Vielmehr scheinen sie sogar diejenigen zu sein, mit deren Blut ebenjene Vorzüge bezahlt werden.

Auf Antonionis Protagonisten bezogen mag das Wort „unease“ aus der eingangs erwähnten Frage Chatmans noch die richtige Wahl gewesen sein. Mit *Los Olvidados* noch im Hinterkopf und dem, was gleich folgen wird, in Aussicht, erscheint die Formulierung jedoch seltsam unschuldig.

---

211 Vgl. Chatman (1985), S. 101f.

212 Chatman (1985), S. 102f.

213 Vgl. Chatman (1985), S. 103.

214 Chatman (1985), S. 103.

215 Chatman (1985), S. 105.

IV.6.3. *Ein amerikanisches Mahnmal für die gescheiterte Moderne*

„Ein soziales Problem sind die Slums nur in den Augen von Reformern, Regierenden und Bürgertum, da sie deren Vorliebe für behagliche Wohlanständigkeit zuwiderlaufen."

Leopold Kohr, *Der Ursprung der Slums*, 1968[216]

„Modern architecture died in St. Louis, Missouri on July 15, 1972 at 3.32 pm (or thereabouts) when the infamous Pruitt-Igoe scheme, or rather several of its slabs, were given the final coup de grâce by dynamite."

Charles Jencks, *The Language of Post-Modern Architecture*, 1977[217]

Nahezu volle zwei Minuten lang findet im unmittelbaren Anschluss an die Aufnahmen aus der South Bronx das statt, was ich eine apokalyptische Beschwörung nennen möchte. Sämtliche Einstellungen von 33:00 bis 34:55 zeigen nichts anderes als das soziale Wohnungsbauprojekt Pruitt-Igoe in St. Louis, Missouri, oder vielmehr das, was Anfang der siebziger Jahre noch davon übrig war. Diese Sequenz ist nicht mehr und nicht weniger als ein feierlicher Abgesang auf ein auch 1982 längst zum Symbol gewordenes Scheitern.

Der Gebäudekomplex wurde zwischen 1951 und 1953 auf einer Fläche von insgesamt 57 Acres gebaut. Benannt nach WENDELL OLIVER PRUITT, einem afroamerikanischen Kampfpilot des Zweiten Weltkriegs, und WILLIAM L. IGOE, einem früheren Kongressabgeordneten aus Missouri, ersetzten die insgesamt 33 Gebäude mit jeweils elf Stockwerken dort einen Slum, der von Kriminalität und Verfall geprägt war. Das Projekt stand seiner Zeit unter der Schirmherrschaft von JOE DARST, Bürgermeister von St. Louis. In dem Artikel „Slum Surgery in St. Louis", erschienen 1951 in der Aprilausgabe der Zeitschrift *Architectural Forum*, sagte Darst: „We must rebuild, open up and clean up the hearts of our cities. [...] The fact that slums were created with all of their intrinsic evils was everybody's fault. Now it is everybody's responsibility to repair the damage."[218] Diese Weltanschauung lag offenbar ganz nah am Nerv der Zeit.

> „When it opened in 1954, it was hailed as exemplary. It was thought to be a safe, decent, affordable, and efficient way of housing the urban masses. [...] Everyone thought Pruitt-Igoe was a magnificient achievement of urban planning, low-cost housing, and architectural design. Everyone, that is, except those who lived in it."[219]

---

216 Kohr (1968), S. 44.
217 Jencks (1977), S. 9.
218 Zit. nach: Ramroth (2007).
219 Ramroth (2007), S. 164.

Pruitt-Igoe wurde also gemeinhin als sozial fortschrittlich angesehen. Mit dieser Haltung handelten die Initiatoren ganz im Sinne einer der architektonischen Grundüberzeugungen der Zeit. In der Mitte des zwanzigsten Jahrhunderts war laut HASAN-UDDIN KHAN die Architektur weithin beeinflusst durch die Lehren des *International Style*, der geprägt war von verschiedenen Strömungen wie dem Expressionismus, Futurismus und Funktionalismus, vor allem aber vom Bauhaus.[220] „Zwischen 1925 und 1965 herrschte die Hoffnung, die neuen Technologien der Industrialisierung würden – durch die Ausbreitung eines rationalen Ansatzes in Architektur und Urbanismus – zu einer besseren Welt führen. Dieses 'Projekt der Moderne' berücksichtigte neben formalen Kriterien auch soziale Anliegen,“[221] so Khan.

Unter ebenjener Prämisse wurde Pruitt-Igoe 1953 fertiggestellt. Das Versprechen aber wurde alles andere als eingehalten: „It failed miserably. By 1973, it entered the history books as a tragic example of how not to build low-cost housing.“[222] Wie konnte es zu diesem kolossalen Scheitern kommen – nach nicht einmal 20 Jahren? Diese Frage stellt auch WILLIAM G. RAMROTH JR. und liefert auch sogleich eine mögliche Antwort: „Pruitt-Igoe was a victim of its design philosophy.“[223] Diese Philosophie der Gestaltung führt er auf die frühen Modernisten zurück, allen voran den Schweizer Architekten LE CORBUSIER. In seinem Modell der *machine à habiter* – der Wohnmaschine – zeigt sich exemplarisch der Glaube, mit einem rein rationalistischen Ansatz in der Architektur eine Verbesserung der Welt zu bewerkstelligen. Dieses große Versprechen der Moderne, so zeigt das Beispiel Pruitt-Igoe wie kaum ein anderes, konnte häufig nicht eingehalten werden, vielleicht, weil Menschen mehr sein wollen als austauschbare Ersatzteile in der Wohnmaschine.

Dass diese Art von Wohnungsbau jedoch nicht scheitern muss, zeigt Pruitt-Igoes Vorläuferprojekt Cochran Gardens, das bis 2006 bewohnt war. Dieses umfasste fünf sechsstöckige und vier zwölfstöckige Gebäude. „Following the adage that bigger is better“[224], bauten die selben Architekten wenige Jahre später Pruitt-Igoe.

220 Vgl. Khan (1998), S. 7.
221 Khan (1998), S. 7.
222 Ramroth (2007), S. 166.
223 Ramroth (2007), S. 167.
224 Ramroth (2007), S. 169.

IV.6.4. Leopold Kohr: Das puerto-ricanische Reagenzglas

> *„Das Hauptproblem unserer Zeit ist nicht national oder ideologisch, sondern dimensional. Es ist kein Problem von gesinnungsverblendeten Führern, ausbeutenden Wirtschaftssystemen oder nationalen Charaktereigenschaften, sondern, wie bei Atomen, ein Problem der 'kritischen' Masse, Menge, Größe."*
>
> Leopld Kohr, *Das Ende der Großen*, 1957[225]

> *„Kohrs Vorschläge sind heute ein Aufruf, den Modernisierungsprozess [...] rückgängig zu machen."*
>
> Ivan Illich, 1976[226]

Die eineinhalb Minuten (34:55 bis 36:24) währende Zerstörungsorgie, die sowohl das Können und die Präzision der Pyrotechnik vorführt als auch die Schönheit der Zerstörung in Zeitlupe feiert, gefolgt von der fast ebenso langen (36:24 bis 37:57) mittäglichen Großstadtelegie, welche die Unsichtbarkeit der Sonne im Smog beklagt, gewähren uns eine kleine Verschnaufpause, während der wir uns dem Antagonisten dieses „bigger is better" anzunähern wagen, dem Prediger des „small is beautiful", Leopold Kohr. Dieser große Denker des Maßvollen scheint in den Bildern des Films selbst, die nur selten von gesundem Maß handeln, kaum eine Spur hinterlassen zu. Vielmehr ist es, als säße er auch während des Filmverlaufs auf seiner marginalen Insel Puerto Rico, auf der er einen Großteil seiner aktiven Zeit – die 40er, 50er und 60er Jahre – verbrachte, und kommentierte das Geschehen aus der Distanz. „Aus der Ferne stimmt es heute traurig", schreibt sein Weggefährte Ivan Illich in seiner Einführung zu Kohrs Buch *Probleme der Stadt*[227],

> „auf diese zwanzig Jahre puerto-ricanischer Geschichte zurückzublicken und sich an die Zeit zu erinnern, da Kohrs realistische Vorschläge die Probleme der drohenden industriellen Bösartigkeiten noch hätten minimieren können, indem sie Schönheit und persönlicher Effektivität den Vorrang vor statistischer Effizienz gaben; als die Entscheidung für ein hoch verdichtetes Leben inmitten geringer Verkehrsdichte noch nicht zugunsten der Betonschicht entschieden war, die heute den besten Boden dieser tropischen Insel überzieht."[228]

---

225 Kohr (1957), S. 32.
226 Illich (1976), S. 14.
227 Leopold Kohr: *Probleme der Stadt – Gedanken zur Stadt- und Verkehrsplanung*. Salzburg 2008.
228 Illich (1976), S. 14.

Wie viel kann also tatsächlich sichtbar sein von jenen eingangs erwähnten Vorschlägen in einem Film, der jenen Modernisierungsprozess in seiner, wie es scheint vollständigen, Entfesselung zeigt? Zudem enthält der Film meines Wissens keine einzige Aufnahme, die auf Puerto Rico entstanden ist. Leopold Kohrs Betrachtungen orientieren sich aber hauptsächlich an Beispielen aus San Juan.

Einen wenn auch relativ abstrakten Anknüpfungspunkt stellt in diesem Zusammenhang jedoch sicherlich die Motivation dar, die Kohr bezüglich seiner Wahl für Puerto Rico nennt, nämlich,

> „daß die weltweit renommiertesten Wissenschaftler und Stadtplaner aus Harvard, York, London oder vom MIT in den entscheidenden Phasen nicht London, Los Angeles oder Bosten als erstes Testgelände für ihre sozialen und architektonischen Planungsideen genutzt haben, sondern Puerto Rico. Das hatte drei Vorteile: Die Insel war Teil der Vereinigten Staaten [...]; sie war noch immer unterentwickelt, so daß man mit allem ganz von vorne beginnen konnte; und sie war klein, so daß die konkreten Auswirkungen ihrer Pläne fast über Nacht sichtbar wurden."[229]

Für Planer wie Kritiker war Puerto Rico also eine Art Reagenzglas, das man als Exempel für die „wirklichen" Projekte benutzen konnte. Dementsprechend sind einerseits Kohrs Schriften auf den Rest der Vereinigten Staaten, und somit auf die in *Koyaanisqatsi* angeführten Beispiele, übertragbar. Eine weitere, transmediale Korrespondenz besteht zudem in dem Phänomen der besonderen Reagenzglasperspektive. Während die Planer demnach Puerto Rico als Testgelände betrachteten, aus dem sie Schlüsse zur Umsetzung auf dem eigentlichen Gelände zogen, beschaut der Film sozusagen dieses eigentliche Gelände aus einer Reagenzglasperspektive zweiten Grades und führt wiederum auch jenen Planern das Scheitern ihrer durch Testläufe nur scheinbar verbesserten Realversion auf amerikanischem Festland vor Augen.

---

229 Kohr (1989), S. 18.

„[...] Once there were parking lots // Now it's a peaceful oasis // you got it, you got it // This was a Pizza Hut // Now it's all covered with daisies // you got it, you got it [...]"

Talking Heads, *(Nothing But) Flowers*, 1988

37:57. Fünf statische Einstellungen, meist steil an spiegelnden Fassaden von Wolkenkratzern emporblickend, im Zeitraffer die Verdopplung des Schauspiels der Wolken am Himmel, bedrohlich und perfekt kadriert. Man denke an das sich selbst reflektierende Medium Film: Vor lauter Abbildern des Himmels können wir den echten kaum mehr erkennen. Dennoch empfinden wir auch diese neue Sichtweise nur selten als unschön. Am Ende aber überwiegt die beängstigende Musik der Sequenz. Die Gebäude sind schon bald Subjekte, die bemüht sind, ihr Innerstes zu verbergen, ihre Seelenfenster lassen kein Licht nach draußen dringen. Sogar die allmächtige Sonne degradieren sie zum ehrfürchtigen Helfer, wie JAMES GRAHAM BALLARD 1975 poetisiert:

> „The high-rises seemed almost to challenge the sun itself – [...] the architects who had designed the complex could not have foreseen the drama of confrontation each morning between these concrete slabs and the rising sun. It was only fitting that the sun first appeared between the legs of the apartment blocks, raising itself over the horizon as if nervous of waking this line of giants."[230]

---

230 Ballard (1975), S. 19.

IV.7.1. Ivan Illich: Die große Illusion

„Der Gebrauchswert, der im Tauschwert implizit mit inbegriffen war, muß jetzt in der verkehrten Realität des Spektakels explizit verkündet werden, und zwar gerade weil seine Wirklichkeit durch die überentwickelte Warenwirtschaft zersetzt wird und weil eine Pseudorechtfertigung zum falschen Leben nötig wird."

Guy Debord, *Die Gesellschaft des Spektakels*, 1967[231]

„We are all just prisoners here, of our own device."

The Eagles, *Hotel California*, 1976

Unter der Überschrift „Obsoleszenz"[232] beschreibt Ivan Illich die „Produktveraltung [,die] in großem Rahmen bewusst betrieben wird"[233]. Diese Produktveraltung gehe Hand in Hand mit einer permanenten Erneuerung, die „einer der Fortschrittsideologie verhafteten industriellen Produktionsweise immanent"[234] sei. Damit sich diese Erneuerung auch auszahle, „müssen riesige Märkte für das neue Modell erschlossen werden"[235]. Wichtigstes Marktinstrument zur Erreichung dieses Ziels sei selbstverständlich die Werbung.

Die entsprechende Sequenz im Film beginnt bei 39:12, einer der wenigen Stellen, an denen Originalton zu hören ist. In einer langen Zeitraffer-Einstellung werden Menschenschlangen gezeigt, die vermutlich in einem überdimensionalen Wettbüro anstehen. Die Musik setzt mit Beginn der Folgeeinstellungen ein, welche die New Yorker Rush Hour bebildern (39:50).

Während in diesen ersten Bildern noch die Menschen bzw. die Menschenmenge im Mittelpunkt steht, verlagert sich der Fokus in den darauffolgenden auf den Bildhintergrund. Dieser wird dominiert von Werbetafeln und Videowänden. Das riesige Wort „Real" auf einem Plakat für Zigaretten und das daran hängende „Taste the natural cigarette" bei 40:09 sowie der Werbeslogan „Have a barrel of fun" auf einem Plakat für Kentucky Fried Chicken bei 40:32 bilden in Kombination mit dem apokalyptisch-lethargischen Soundtrack den Auftakt zu einer doch recht deutlichen Konsumkritik.

Die große Einkaufstüte bei 40:25 hat man noch vor Augen, wenn die Sequenz ihre Klimax bei 40:40 erreicht und sich auf der Videowand der entlarvende Slogan „Grand Illusion" wie von Geisterhand in einer Pseudo-Handschrift selbst schreibt. Bezeichnenderweise sieht man hier ausschließlich Menschen, die

231 Debord (1967), S. 39.
232 Illich (1973), S. 112f.
233 Illich (1973), S. 112.
234 Illich (1973), S. 113.
235 Ebd.

diesem den Rücken zugewandt haben. Wie in den vorigen Einstellungen scheint niemand Notiz zu nehmen vom Geschriebenen – die Wirkung der Werbung entfaltet sich unterbewusst. Trotzdem hängt sie wie das Damoklesschwert über allem Geschehen und scheint dieses in die gewünschten Bahnen zu lenken.

Die „Grand Illusion“ heißt bei Illich „Irrglaube“. „[I]n steter Folge eingeführte Innovationen von Gütern und Werkzeugen“ verfestigen laut Ivan Illich „den Glauben daran, daß sich alles Neue auch als besser erweisen wird“[236]. Dieser Glaube, nach Illich „inzwischen integraler Bestandteil der modernen Lebensphilosophie“[237], ist ebenjener Irrglaube, der vergessen lässt, dass „jede vermarktete Einheit mehr Wünsche wecken wird, als sie zu erfüllen vermag“[238]. Mit anderen Worten: Die Verbesserung der Produkte sei eine Pseudoverbesserung, längst zum Selbstzweck geworden, und die Werbung das Mittel Nummer eins, um den Produktionsapparat am Leben zu erhalten bzw. diesen auszubauen. Dabei führe sie den Konsumenten in aller Regel hinters Licht. „Das 'Bessere' verdrängt immer mehr das 'Gute' als grundlegende normative Vorstellung.“[239] In den hier gezeigten Gesichtern spiegelt sich in dieser Lesart die „sich beschleunigende Veränderung“[240] – sie „macht abhängig und gleichzeitig ist sie unerträglich“[241]. Die Gesellschaft scheint an einem Punkt angelangt, an dem „keine Ausgewogenheit mehr von Stabilität, Wandel und Tradition“[242] besteht, womit wieder der Bogen zu einem Hauptmotiv des Films[243] geschlagen ist.

Ab 41:09 beginnt die Sequenz auszuklingen, während die Menschen zunehmend in eine paralytische Starre verfallen, zunächst zum Einhalt gezwungen von vorbeirauschenden Fahrzeugen und schließlich ab 41:22 freiwillig unbewegt in die Kamera starrend. Womöglich sind dies die „Menschen, die von Waren geradezu überschüttet sind“[244] und daher „hilflos und ohnmächtig“[245] werden, von denen bei Illich die Rede ist.

236 Illich (1973), S. 114.
237 Ebd.
238 Ebd.
239 Illich (1973), S. 115.
240 Ebd.
241 Ebd.
242 Ebd.
243 Vgl. Fußnote 160.
244 Illich (1973), S. 95.
245 Ebd.

IV.7.2. Conditio humana oder conditio americana: Eine Zwischenbilanz

> *„The world is a civilisied one, its inhabitant is not: he does not see the civilisation of the world around him, but he uses it as if it were a natural force. The new man wants his motor-car, and enjoys it, but he believes that it is the spontaneous fruit of an Edenic tree. In the depths of his soul he is unaware of the artificial, almost incredible, character of civilisation, and does not extend his enthusiasm for the instruments to the principles which make them possible."*
>
> Josè Ortega y Gasset, *The Revolt of the Masses*, 1932[246]

> *„Die Amerikaner glauben an die Tatsachen (faits), aber nicht an die Künstlichkeit (facticité). Sie wissen nicht, daß die Tatsachen künstlich (faktisch) sind, wie es ihr Name besagt. In ihrem Glauben [...] an alles, was geschieht und was man sehen kann, in ihrer Geringschätzung von allem, was man Erscheinung [...] nennen könnte, in ihrer pragmatischen Sichtweise der Dinge täuscht kein Gesicht, kein Verhalten und kein wissenschaftlicher Prozess, nichts täuscht, nichts ist ambivalent [...]; in diesem Sinne und hinsichtlich ihrer Religion der vollendeten Tatsachen, ihrer Naivität der Deduktionen, ihrer Verkennung des bösartigen Genies der Dinge sind die Amerikaner eine wirklich utopische Gesellschaft."*
>
> Jean Baudrillard, *Amerika*, 1986[247]

Koyaanisqatsi ist ein Film mit nicht nur einer einzigen Klimax. An mehreren Stellen verdichten sich sowohl die Musik als auch die bildlichen Inhalte zu einer Intensität, die das Augenmerk auf ausgewählte Thematiken lenken. Von einer Sequenz, die nach 39 Minuten und 12 Sekunden beginnt und nach deren Ende noch 40 Minuten und 10 Sekunden folgen, kann man jedoch behaupten, dass sie zumindest den zeitlichen Mittelpunkt des Films darstellt.

Ein stilistisches Merkmal, das vom Regisseur ausschließlich hier verwendet wird, spricht ebenfalls für eine Sonderstellung dieser Sequenz. Anders' polemischer Behauptung, wonach nicht mehr der Mensch, sondern die Technik das Subjekt der Geschichte sei, welcher große Teile des Films sicherlich zustimmen, wird an dieser Stelle einiges entgegengesetzt. Das Individuum, sonst häufig lediglich eine Grundfigur im Ornament der Masse, wird zurück in den Fokus geholt, und dies auf nachdrückliche Art und Weise. Stilistisch weist das Machwerk hier nämlich einen einzigartigen Bruch auf: die Porträts ausgewählter Menschen, die die Sequenz beschließen, sind allesamt gestellt.

---

246 Zit. nach: Marx (1964), S.7-8.

247 Baudrillard (1986), S. 117-118.

Bemerkenswert ist diesbezüglich ferner die inszenierte Bewegung, mit der sich diese Porträts klar vom statischen Medium der Fotografie abgrenzen möchten: Die passierenden U-Bahnen, die Kamerafahrt auf den Piloten und der Rhythmus der Leuchtreklame verweisen auf das Filmische, während die Porträtierten, ganz wie in einer klassischen Porträtsituation, bemüht scheinen stillzuhalten. Dessen ungeachtet ist die Aussage aber deutlich: Es geht hier nach wie vor um den Menschen und dessen Bedingungen des Lebens – mit anderen Worten: die conditio humana.

Und dennoch schleicht sich auch hier, wie über den gesamten Film hinweg, etwas Zusätzliches ins Bewusstsein. Dieses Etwas ist hartnäckig wie die sprichwörtliche Haut, die man niemals abzustreifen vermag. Besonders deutlich zeigt sich in diesen Porträts, wie der Film, bewusst oder unbewusst, immer wieder amerikanische Thematiken beziehungsweise Problematiken ans Licht befördert.

Es fällt schwer an einen Zufall zu glauben, wenn man sich die Porträts genauer betrachtet und sich die Frage stellt, wer darauf abgebildet ist. Sind es exemplarische Proben der Spezies Mensch oder nicht vielmehr exemplarische Amerikaner? Wieso wurden als beispielhafte Städter ausgerechnet zwei Frauen gewählt, von denen eine hispanischer und die andere afroamerikanischer Herkunft, Angehörige also der zwei größten Minderheitengruppen in den Vereinigten Staaten? Und auch die beiden letzten Porträts transportieren meines Erachtens zwei wichtige Aspekte des amerikanischen Jahrhunderts, symbolisiert der Pilot doch den Militarismus und die Showgirls das Entertainment. Steht in diesen Gesichtern also nicht neben conditio humana außerdem geschrieben: conditio americana?

IV.7.3. Anima Mundi: Eine Ode an die Vielfalt und das Individuum

„I can't pretend to change someone's view. Let me be even clearer. Let's say, hypothetically, if you knew what the answer was – 'the answer' for the world – because some people feel they do, they have a universal answer – by the very fact that it is itself universal, it is itself fascistic for me. How boring the world would be, if it had one flower, and one terrain, and one language, and one way of doing things. It would deny the very existence of what this world is, which is a mysterious unity held together through the web of diversity. The shibboleth of this world, if I could be so bold, is 'divided we stand'."

Godfrey Reggio, *Impact of Progress*, 2002[248]

„...this world is indeed a living being endowed with soul and intelligence..."

Plato, *Timeus*[249]

Die soeben besprochene Porträt-Sequenz behandelt meines Erachtens einen noch nicht genannten, aber ebenso wichtigen Aspekt. Was auch immer seinen Filmen vorgeworfen werden mag, eine von Reggios Intentionen erfüllen sie zweifelsohne: Sie zeigen eine gewisse Vielfalt der Welt. Seinem hier zitierten Ausspruch zufolge sollen sie ein Pamphlet für die Diversität sein, ein Denkmal gegen die Vereinheitlichung und die Gleichschaltung, die Reggio mit dem Faschismus gleichsetzt. Es ist diese Verpflichtung gegenüber der Mannigfaltigkeit, die jene Sequenz mit dem Film *Anima Mundi* (USA 1992) gemein hat, und die hier als Anknüpfungspunkt gelten soll, um eine Handvoll Worte über dieses vergleichsweise kleine Werk Reggios zu verlieren.

Von Bulgari und dem World Wildlife Fund (WWF) produziert, ist *Anima Mundi* vor allem eines: eine Ode an die Tierwelt. Mit aus seinen Hauptwerken entlehnten Techniken verfolgt Reggio ein teilweise ähnliches Ziel wie in diesen, nämlich die Welt, die in diesem Fall zwar exotisch, aber nicht unbekannt ist, auf eine neue Weise wahrzunehmen. Die zwei wichtigsten sind die Zeitlupe und das Makroobjektiv.

Die Zeitlupe lässt uns Bewegungen beobachten, die wir nur dank dieser Technik wahrnehmen können. Die Anmut der Natur wird umso besser sichtbar, je mehr Zeit wir haben, sie uns anzusehen. Und es ist jene Langsamkeit, die eine meditative Wirkung entfesselt und die uns im besten Fall zu einer tieferen Demut vor der Welt führen kann. Die sich reinigenden Tiere werden hier als kulturelle Wesen gezeigt. Die Makroaufnahmen erfüllen zweierlei einander gegenüberstehende Zwecke. Auf der einen Seite steht ein ganz ähnlicher wie der eben

248 Zit. nach: *Impact of Progress* (USA 2002).

249 Plato zit. nach: *Anima Mundi* (USA 1992)

genannte. Der Struktur der Musik Philip Glass' folgend, präsentieren die Aufnahmen der Einzeller, aber auch beispielsweise die zentrierte Aufnahme des Auges eines Chamäleons, einen zur Abstraktion neigenden Blick auf die Natur. Die Muster, nach denen in *Koyaanisqatsi* auch die Makrowelt funktioniert, finden sich ebenso im Mikrokosmos wieder. Ferner werden die klaren Strukturen als ästhetisch empfunden. Demnach verfolgt diese Methode dasselbe Ziel wie die Zeitlupenaufnahmen, nämlich über die Ästhetisierung eine differenziertere Auseinandersetzung anzuregen.

Am Beispiel der Ameisen lässt sich jedoch ein weiterer Sinn in der Verwendung des Makroobjektivs finden. Die Ameisen nehmen wir normalerweise ähnlich wie die Menschenmassen in *Koyaanisqatsi* wahr – als ornamentale Ströme, als homogene Gruppe, die einer gemeinsamen Bewegungsrichtung folgt. Die einzelnen Tiere sind kaum sichtbar, wodurch es umso leichter ist, ihnen eine Kategorie zuzuweisen: Ungeziefer. Die Nahaufnahmen hingegen zeigen das Innenleben jenes Stroms als viel weniger homogen und der Zuschauer erkennt, dass das einzelne Tier viel komplexer ist und viel weniger einer genauen Schrittrichtung folgt als er vielleicht dachte.

Gewissermaßen wird die Ameise hier als Einzelwesen präsentiert, das, so der womöglich daraus resultierende Gedanke, genauso ein Recht auf Leben hat wie jedes andere Lebewesen. Auf die Menschenwelt übertragen, könnte man jene Aufnahmen ferner als eine Ode an die Individualität lesen.[250]

IV.8. THE GRID

> *„[...] I miss the honky tonks, // Dairy Queens, and 7-Elevens // you got it, you got it // And as things fell apart // Nobody paid much attention // you got it, you got it [...]“*
>
> Talking Heads, *(Nothing But) Flowers*, 1988

42:23. Statisch und abstrakt wirkt die erste Einstellung, die leinwandfüllend ein Gittermuster erleuchteter Fenster zeigt. Ein Bürogebäude in der dunklen Stadt, Geld schläft niemals. Menschen sind nicht zu sehen im Innern. Höchstens vereinzelt wird zu später Stunde noch gearbeitet, fleißige Workaholics in der Nacht, welche die Einsamkeit bekämpfen, indem sie gleich ganze Stockwerke beleuchten statt nur ihre einzelnen Büros. Oder machen dies die elektrischen Schaltungen vielleicht gar unmöglich?

---

250 Einen amerikanischen Aspekt kann ich allerdings in diesem Film bei noch so starkem Drang zur Interpretation nicht entdecken.

IV.8.1. Georgia O'Keeffes Wolkenkratzer

> *„Das Spektakel, als gegenwärtige gesellschaftliche Organisation der Lähmung von Geschichte und Gedächtnis, des Verzichts auf die Geschichte, der auf der Grundlage der geschichtlichen Zeit fußt, ist das falsche Bewußtsein der Zeit."*
>
> Guy Debord, *Die Gesellschaft des Spektakels*, 1967[251]

> *„Give me those eight spinly trees in front of Rockefeller Center any day. That's enough outdoors for me. No subways smelling sweet sour. What do you use for noise around here? No beautiful roar from eight million ants – fighting, cursing, loving. No shows. No South Pacific. No chic little dames across a crowded bar. And worst of all, Herbie, no 80th floor to jump from when you feel like it...."*
>
> Chuck Tatum (Kirk Douglas), Ace in the *Hole*, 1951

Ganze zehn Sekunden steht die erste Einstellung, bis sie von der Folgenden bei 42:33 abgelöst wird. Aus einer fast radikalen Froschperspektive heraus werden die Konturen des Wolkenkratzers nun sichtbar. Zwar ist es nicht derselbe. Dies spielt aber aufgrund seines exemplarischen Charakters keine Rolle. Sowohl Perspektive als auch Bildaufbau und Farbgebung besonders dieser Aufnahme erinnern sehr stark an die Wolkenkratzer-Gemälde GEORGIA O'KEEFFES.[252] Das Bild ist wie ein fast exakter Mix aus den Gemälden *Radiator Building, Night, New York* von 1927 und *City Night* von 1926[253]. In Letzterem wendet O'Keeffe einen bemerkenswerten Kunstgriff an: „die hier abgebildeten Wolkenkratzer unterliegen der gleichen [perspektivischen] Verkürzung, wie sie eine in die Höhe gerichtete Fotokamera festhalten würde"[254].

Die mediale Geschichte der Aufnahme in *Koyaanisqatsi* scheint mir hier erwähnenswert: Beeinflusst von der Architekturfotografie CHARLES SHEELERS und PAUL STRANDS[255] entsteht Georgia O'Keeffes Gemälde, das wiederum die Filmaufnahme inspiriert, welche seltsamerweise jedoch ersterem Medium viel nähersteht als der Malerei. Ferner „wirken die Gebäude wie Denkmäler, Sinnbilder des zivilisatorischen Fortschritts – und seiner Gefahren"[256]. Diese

---

251 Debord (1967), S. 139.

252 Dass es sich hierbei vermutlich um keinen Zufall handelt, sondern dass der Bildaufbau mit Bedacht derart gewählt wurde, ist womöglich der Tatsache geschuldet, dass Reggio O'Keeffes Werk gut kannte. Ihr Name taucht im Abspann unter jenen auf, bei denen er sich bedankt.

253 Vgl. Benke (1994), S. 51 und S. 53.

254 Benke (1994), S. 52.

255 Vgl. Benke (1994), S. 52.

256 Benke (1994), S. 52.

Ambivalenz korrespondiert stark mit der Stimmung gerade jener Sequenz. Durch die Unbestimmtheit des Sound-tracks ist man gewissermaßen hin- und hergerissen zwischen einem Gefühl der Ehrfurcht und der Bedrohung.

BRITTA BENKE sieht zudem etwas zutiefst Amerikanisches in O'Keeffes Wolkenkratzer-Bildern.[257] So vermutet sie, dass sie angeregt sein könnten von der Sicht des Architekturkritikers CLAUDE BRAGDON, der über das *Shelton* – ein Gebäude, das O'Keeffe in *Shelton Hotel, New York, No.I*[258] malte und sogar längere Zeit bewohnte – schrieb: „Der Wolkenkratzer symbolisiert nicht nur den Geist Amerikas – unruhig, zentrifugal, stets in einem prekären Gleichgewicht –, sondern ist auch die einzige neue Entwicklung auf dem Gebiet der Architektur, die Amerika zweifellos für sich beanspruchen kann."[259]

Zwar malte O'Keeffe konkrete, in New York bestehende oder entstehende Gebäude, jedoch galt „das künstlerische Interesse der Malerin [...] nicht den einzelnen Architekturen selbst"[260]. O'Keeffes Fokus, ähnlich dem von Godfrey Reggio, liegt auf der äußeren Form der Gebäude. „Ihr formaler Charakter tritt hervor"[261], wodurch ihnen etwas Kulissenhaftes zugesprochen wird. „[U]nd tatsächlich dienen sie als Kulisse für etwas anderes: für die wechselnden Lichtschauspiele des Großstadthimmels."[262] Es sind dieselben Lichtschauspiele, auf die es auch Filmsequenz abgesehen hat, sei es die wechselnde Beleuchtung in den Gebäuden selbst oder der sich in den Fassaden spiegelnde Sonnenuntergang. Dieser wird hier richtiggehend gefeiert und gleich zweimal gezeigt. Kaum ist die erste untergehende Sonne, beginnend bei 42:49, verschwunden, erscheint sie schon wieder, bei 43:13, diesmal deutlich näher. Einerseits ruft gerade diese Wiederholung aus: „Schaut her! Ist das nicht wunderschön?", und die Aufnahmen sind ohne Zweifel sehr ästhetisch. Dennoch leugnen sie nicht, dass der Großstädter keine „echten", unmittelbaren Sonnenuntergänge mehr zu sehen bekommt. Stattdessen bleibt ihm nichts anderes übrig, als sie sich in der Spiegelung eines Mediums – in diesem Fall durchaus auch als Metapher für das Medium Film selbst lesbar – anzusehen.

Einen weiteren Bogen schlägt Benke von Georgia O'Keeffes malerischem Werk zu dem Fotografischen von ALFRED STIEGLITZ, mit dem die Malerin verheiratet war. Benke sieht in O'Keeffes „Bestreben, die Stadt in ihrer atmosphärischen Erscheinung unter den sich verändernden Bedingungen von Zeit und

---

257 Benke (1994), S. 40.
258 Vgl. Benke (1994), S. 46.
259 Zit. nach.: Benke (1994), S. 40.
260 Benke (1994), S. 44.
261 Ebd.
262 Ebd.

Wetter aufzugreifen"[263], eine starke Gemeinsamkeit zum Werk des Fotografen. Zudem teilten laut Benke Stieglitz, Strand und Sheeler die Ansichten des Philosophen HENRI BERGSON, der davon überzeugt war, „daß der menschliche Geist den Fluß der Zeit nicht adäquat erfassen kann; um zu einer wahren Erkenntnis der Dinge vorzustoßen, bedürfe es einer Unterbrechung der Zeit"[264]. Die Fotografie ermöglicht es also, einen Moment in der Zeit zu fixieren. Und mit „jeder Fotografie [...] könne [...] die Essenz eines Objekts festgehalten und offengelegt werden"[265]. „So betrachtet Stieglitz Wetter und Atmosphäre als die einzigen Bedingungen, die es dem Fotografen ermöglichen, eine 'wahre' Fotografie zu machen."[266] Nun entsteht der Film bekanntlich aus einer Vielzahl von Fotografien. Durch die realitätsnahe Abbildung der Bewegung jedoch leistet er genau dies nicht, was die Fotografie laut Bergson bewerkstelligt. Eine Synthese dieser beiden Gegenpole findet Reggio in der Technik des Zeitraffers. Dieser vereint Aspekte der das Wesen offenlegenden Fotografie mit dem bewegten Bild.

Zudem greift der Regisseur besonders in dieser Sequenz eine Dimension auf, die für Benke die Großstadtgemälde Georgia O'Keeffes von ihren restlichen Werken abgrenzt: die Zeit.[267] Besonders an dieser Stelle, aber auch in vielen anderen Sequenzen, in denen der Zeitraffer zum Einsatz kommt, wird das Vergehen der Zeit filmisch thematisiert. GILLES DELEUZE beschäftigt sich in seinen Werken *Das Bewegungs-Bild*[268] und *Das Zeit-Bild*[269] mit ebenjener Dimension der Zeit. In ersterem untersucht er das frühe Kino, in letzterem das Kino nach dem Zweiten Weltkrieg.

THORSTEN BOTZ-BORNSTEIN fasst die Aussage in seiner *Philosophy of Film*[270] für unsere Belange hinreichend knapp zusammen. „In the movement-image, the action imposes itself upon time, it is the action which determines the duration of a scene and the next scene is a reaction to this action [...]"[271]. *Koyaanisqatsi* gehört jedoch den Zeit-Bildern an: „Time-images do not simply show us actions and movements, but different layers of time, all of which converge within single points of present. These images can express a present that constantly reaches for the past and for the future."[272] Das Zeit-Bild nach Deleuze zeichnet sich also dadurch aus, dass es die Dimension der Zeit selbst sichtbar macht. Dies

---

263 Benke (1994), S. 44.
264 Benke (1994), S. 52.
265 Ebd.
266 Benke (1994), S. 52.
267 Vgl. Benke (1994), S. 40.
268 Gilles Deleuze: *Das Bewegungs-Bild – Kino 1*(1983). Frankfurt am Main 1997.
269 Gilles Deleuze: *Das Zeit-Bild – Kino 2*(1985). Frankfurt am Main 1997.
270 Thorsten Botz-Bornstein: *Philosophy of Film: Continental Perspectives.* (ohne Jahr).
271 Botz-Bornstein (ohne Jahr).
272 Botz-Bornstein (ohne Jahr).

kann mit Mitteln der Montage, wie des Jump Cuts, passieren, oder, wie in *Koyaanisqatsi*, mithilfe der Beschleunigung der Zeit durch die Technik des Zeitraffers oder deren Verlangsamung durch die Zeitlupe.

IV.8.2. Rem Koolhaas' Raster – Ein fiktives Interview

> *„The interesting thing about the grid is that the world doesn't really look like that and yet it does. […] This isn't real and yet, of course, from some perspective it is real."*
>
> Philip Glass, *Essence of Life*, 2002[273]

> *„...mathematics and geometry are a lying and faulty analogy for the human disposition."*
>
> John Cheever, *Falconer*, 1977[274]

Fabian Kaufmann: Herr Koolhaas, in ihrem Buch Delirious New York[275] *zeichnen Sie die architektonische Geschichte New Yorks nach. Als eines der wichtigsten Jahre diesbezüglich gilt Ihnen 1807. Können Sie kurz umreißen, wieso gerade 1807?*

REM KOOLHAAS: „1807 werden SIMEON DE WITT, Gouverneur MORRIS und JOHN RUTHERFORD mit dem Plan für die 'endgültige und unwiderrufliche' Bebauung Manhattans beauftragt. Vier Jahre später empfehlen sie, oberhalb der Demarkationslinie zwischen dem bekannten und dem noch nicht erkennbaren Teil der Stadt 12 Avenuen in Nord-Süd-Richtung und 155 Straßen in Ost-West-Richtung anzulegen. Mit diesem einfachen Vorgehen beschreiben sie […] eine Stadt aus 13 x 156 = 2.028 Blocks, eine Matrix, die das noch ungenutzte Territorium und alle künftigen Aktivitäten auf der Insel gleichzeitig in sich aufnimmt: das Manhattan-Raster."[276]

F.K.: Nun gab es Planstädte schon in vielen Epochen der Geschichte, sogar bereits in der Antike. Was unterscheidet Manhattan von Mannheim?

Rem Koolhaas: Führen Sie sich die Situation Manhattans Anfang des 19. Jahrhunderts einmal vor Augen: „[D]ie parzellierten Grundstücke sind leer, die beschriebenen Einwohner hypothetisch, die lokalisierten Gebäude imaginär, die umrissenen Aktivitäten nicht existent."[277] Für mich „ist dieser Entwurf die kühnste Prophezeiung in der Geschichte der westlichen Zivilisation."[278]

---

273 Zit. nach: *Essence of Life* (USA 2002)

274 Cheever (1977), S. 798.

275 Rem Koolhaas: *Delirious New York – Ein retroaktives Manifest für Manhattan* (1978). Aachen 1999.

276 Koolhaas (1978), S. 19.

277 Ebd.

278 Ebd.

F.K.: Würden Sie sagen, dass sich darin etwas originär Amerikanisches erkennen lässt? Die Grundgedanken des Pragmatismus wurden zwar erst ein Jahrhundert später formuliert. Finden Sie nicht, dass dennoch viel davon in dieser Herangehensweise steckt?

Rem Koolhaas: Ganz so weit würde ich nicht gehen. Vielmehr ergab sich die Struktur aus Überlegungen, die vom einzelnen Menschen ausgingen. WILLIAM BRIDGES zeichnet in seinem gleichnamigen Text die *Commissioners' Remarks* nach: „Einer der ersten Punkte, der ihre Aufmerksamkeit beanspruchte, war die Art und Weise, wie das städtische Leben geordnet werden sollte [...] Bei diesen Erwägungen mußten sie stets berücksichtigen, daß eine Stadt in erster Linie aus Behausungen für Menschen besteht, und daß geradwandige und rechtwinklige Häuser am billigsten zu bauen und am bequemsten zu bewohnen wären. Diese einfachen und zweckmäßigen Überlegungen gaben letztendlich den Ausschlag..."[279] Demnach ist *„Manhattan [...] eine utilitaristische Polemik"*[280], keine pragmatistische. Und ob Manhattan uramerikanisch ist – nun ja, zumindest ist es „ein Gegen-Paris, ein Anti-London"[281], so viel ist sicher.

F.K.: Das Wohl des Menschen steht also im Mittelpunkt der Überlegungen. Aber wie steht es um den Rest der Natur? Die Insel war größtenteils unberührt vor 200 Jahren.

Rem Koolhaas: „Das Raster ist zuallererst eine konzeptuelle Spekulation. Trotz seiner scheinbaren Neutralität impliziert es ein intellektuelles Programm für die Insel: Indifferent gegenüber der Topographie, gegenüber dem Bestehenden, behauptet es die Überlegenheit geistiger Konstrukte über die Wirklichkeit. Die Anlage seiner Straßen und Blocks offenbart sein eigentliches Ziel: die Unterwerfung, wenn nicht gar Aufhebung der Natur."[282]

F.K.: Sie sagen also, dass das geometrische Raster als Kristallisation des menschlichen Bedürfnisses, die Natur zu beherrschen, angesehen werden kann?

Rem Koolhaas: Durchaus. Die Umformung, das Bauen, wird hier in einem derart hohen Maße betrieben, dass ich noch einen Schritt weitergehen würde. „1845 wird ein Modell der Stadt ausgestellt, zunächst in der Stadt selber. Anschließend wird es auf eine Tournee quer durch das Land geschickt [...]. Die Ikonen der Religion werden ersetzt durch die des Bauens. Architektur ist die neue Religion Manhattans."[283]

279 Zit. nach: Koolhaas (1978), S. 19.

280 Koolhaas (1978), S. 19.

281 Koolhaas (1978), S. 23.

282 Ebd.

283 Ebd.

IV.8.3. Saul Bellow: Der Mond

> *„Wir haben die Maschine zur Gottheit erhoben und werden selbst Gott gleich, indem wir sie bedienen. […] entscheidend ist, daß sich der Mensch im Augenblick seiner größten Ohnmacht einbildet, dank seiner wissenschaftlichen und technischen Fortschritte allmächtig zu sein."*
>
> Erich Fromm, *Haben und Sein*, 1976[284]

> *„The horror of the Twentieth Century was the size of each new event, and the paucity of its reverberation."*
>
> Norman Mailer, *A Fire on the Moon*, 1970[285]

Die musikalische „The Grid"-Ouvertüre kulminiert in einer extremen Teleaufnahme des Mondes. Beginnend bei 45:15 und endend erst bei 45:50, gehört diese Einstellung mit über einer halben Minute zu den Längsten des Films. Dabei ist der Mond fast leinwandhoch zu sehen, wie er vollständig hinter einem größtenteils beleuchteten Wolkenkratzer verschwindet.

Der Roman *Mr. Sammler's Planet*[286], 1969 im Jahr der ersten bemannten Mondlandung erschienen, findet seine Klimax in einem Dialog zweier Intellektueller, dem Protagonisten Artur Sammler und dem Universalgelehrten Govinda Lal. Während sie über „die großen Fragen des Lebens" philosophieren, kommt auch die zu jener Zeit allgegenwärtige Mondmission zur Sprache. Im weitesten Sinne reflektiert SAUL BELLOW über den Sinn des Raumfahrtprogramms. Hierbei tritt nicht selten eine ambivalente Haltung des Autors zu Tage. Als sein Alter Ego gefragt wird, ob er der Meinung ist, dass die Menschheit das All bereisen soll, antwortet er: „Well, why not? Up to a point, yes. Although I don't think it can be rationally justified."[287] Sein Gegenüber hält dem entgegen: „Obviously we cannot manage with one single planet. Nor refuse the challenge of a new type of experience. […] Not to accept the opportunity would make this earth seem more and more a prison."[288] An anderer Stelle bezieht er sich auf die Hoffnungen, die in die Macht der Wissenschaft gelegt werden: „The powers that had made the earth too small could free us from confinement."[289] Dieses Beispiel zeigt im Kleinen, wie *Koyaanisqatsi* meiner Ansicht nach als Ganzes funktioniert: Einerseits stecken die Passagen über den Mond gewissermaßen die

284 Fromm (1979), S. 147.
285 Mailer (1970), S. 39.
286 Saul Bellow: *Mr. Sammler's Planet.* New York 1969.
287 Bellow (1969), S. 168.
288 Bellow (1969), S. 169.
289 Bellow (1969), S. 42.

zeitgenössische Wahrnehmung des amerikanischen Apollo-Programms ab und andererseits liest Bellow philosophische Theorien im Zusammenhang eines aktuellen Themas. Der Film zeigt den Mond zeitweise vollständig, das heißt, so vollständig, wie man ihn von der Erde aus sehen kann. Vierzehn Jahre nach der Apollo 11 Mission wird diese Symbolkraft der Aufbruchjahre der späten Sechziger noch einmal leinwandfüllend vorgeführt. Dem Publikum des Jahres 1982 muss die Mondlandung von 1969 noch sehr viel deutlicher im Bewusstsein gewesen sein, als dem heutigen. Noch einmal ist vielleicht etwas zu spüren von der hoffnungsvollen Zeit, wenige Sekunden lang, bis das Symbol beginnt, sich hinter das Gebäude zu schieben. 1972 wurde das Mondfahrtprogramm aufgrund zu hoher Kosten eingestellt, der Hype war vorbei. Die Hoffnung Bellows, „[that] it should be possible still to follow truth on the inward track, without elaborate preparations, computers, telemetry, all the technological expertise and investment and complex organization required for visiting Mars, Venus, the moon“[290], wurde gewissermaßen verraten. 1982 ist sie hinter den Fassaden der Bürokratie verschwunden.

Vom Raumfahrtprogramm zur Fähigkeit der Menschheit, sich selbst auszulöschen, benötigt es nicht mehr als einen Absatz – das beweist auch Bellow. Sammler sagt: „Well, if […] we are the kind of creature which is compelled to do what it is capable of doing, it would follow that we must demolish ourselves.“[291] Und er fährt fort: „Could we say that at this point politics is anything but pure biology? […] very mediocre people have the power to end life altogether. These representatives – not representatives of the best but Calibans or, in the jargon, creeps – will decide for us all whether we live or die. Man now plays the drama of universal death.“[292]

In den Augen Bellows verwischt diese zwangsläufige Mittelmäßigkeit des bürokratischen Apparats, für den hier der Wolkenkratzer stehen könnte (in den zuvor der Massenmensch geströmt ist) den Unterschied zwischen sinnhafter Symbolträchtigkeit des Raumfahrtprogramms und ihrer Verwandtschaft zur Entwicklung von Massenvernichtungswaffen. Das Symbol Mond, das im besten Fall ein Positives, Menschheitsvereinendes hätte sein können, löst sich in dieser Beliebigkeit auf, in der Beliebigkeit, die Hand in Hand geht mit Durchschnittlichkeit und Hybris, so Bellow, Max Weber zitierend: „Specialists without spirit, sensualists without heart, this nullity imagines that it has attained a level of civilization never before achieved.“[293]

---

290 Bellow (1969), S. 42.

291 Bellow (1969), S. 169.

292 Bellow (1969), S. 170.

293 Zit. nach: Bellow (1969), S. 42.

Dennoch würde Reggio Bellow widersprechen. Denn in diesen Kategorien denkt weder er, noch spielt sich *Koyaanisqatsi* in solchen ab. Vielmehr begreift der Film Politik, neben anderen kulturellen Äußerungen, eben doch genau als Ausdruck der im Hintergrund wirkenden Biologie des ganzen Systems.[294]

D. Die Antiquiertheit der Maschinen (1960): Der Mond

„Der Apparat eines Betriebes, der, um zu funktionieren, die Leistung jeder Arbeitsgruppe auf die der anderen abstimmen muß, und der zahllose physische Apparate [...] als eigene Apparatteile in sich enthält, ist in einem genau so wörtlichen Sinne 'Apparat' wie jenes physisch-technische Ding, das gewöhnlich diesen Namen trägt, nein, er ist das [...] sogar in höherem Grade. [...] Jedenfalls ist das Klappen der Makro-Apparate die Bedingung des Klappens der Mikro-Apparate, die, aus der Perspektive der Makro-Apparate gesehen, in die Rolle bloßer Apparatteile absinken. Genau so aber muß auch wieder jeder Makro-Apparat [...] auf alle Makro-Apparate abgestimmt sein. Damit ist aber [...] gesagt, daß die Apparate grundsätzlich auf einen 'Idealzustand' *lossteuern [...], in dem nur noch ein einziger und lückenloser, also* der *Apparat existiert: derjenige Apparat, der alle Apparate in sich 'aufhebt', derjenige Apparat, in dem 'alles klappt'. [...]*

Wenn [...] alle Apparate zu einem einzigen zusammengewachsen wären, dann würde die Aussage 'alles klappt' [...] besagen, [...] daß es für den Apparat ein 'Außerhalb' überhaupt nicht mehr gäbe [...]: daß es ihm gelungen sei, sich nun alles einzuverleiben, [...] alle in ihn hineingeborenen Menschen als seine Funktionäre in sich zu integrieren [...] 'Ontologie der Apparate' [...]: Nur dasjenige, was Eignung zum Apparatteil verrät, wird als 'seiend' registriert und anerkannt. *[...] Energien, Dinge, Menschen sind ausschließlich mögliche Requisitionsmaterialien. [...] Im strengen Sinne sind auch sie 'Maschinenteile'. [...] Der ehemals freundlich leuchtende, nun in eine Fernseh-Relaisstation transformierte Mond*[295] *kann uns in Vertretung zahlloser anderer, nicht minder beweiskräftiger Weltstücke als Signallicht für dieses sich in eine Maschine verwandelnde Universum dienen.“*[296]

---

294 Außerdem kommt dem Mond noch eine weitere Funktion zu – er dient als Stellvertreter der Perspektive des Films. Dessen Thema ist der gesamte Planet, das Leben selbst. Die Perspektive muss also mehr sein als eine Vogelperspektive. Der nächste natürliche Standort, von dem eine solche entwickelt werden kann, ist der Mond.

295 Am 20. Mai 1958 gelang es dem Ingenieur und Spezialisten für Hochfrequenztechnik Peter Lengrüsser erstmals eine UKW-Funkverbindung zwischen Deutschland und Amerika ununterbrochen zu unterhalten. Der Mond diente ihm dabei als Reflektor. Lengrüssers Hoffnung bestand unter anderem darin, diese Technik für die Übertragung von Fernsehsignalen nutzen zu können. (Vgl. Der Amtsrat und der Mond. Der Spiegel (33/1958)).

296 Anders (1980), S. 110f.

IV.8.4. Der systemische Exzess

„Die Bilder, die sich von jedem Aspekt des Lebens abgetrennt haben, verschmelzen in einem gemeinsamen Lauf, in dem die Einheit dieses Lebens nicht wiederhergestellt werden kann. [...] Das Spektakel überhaupt ist, als konkrete Verkehrung des Lebens, die eigenständige Bewegung des Unlebendigen."

Guy Debord, *Die Gesellschaft des Spektakels*, 1967[297]

„Der Feind ist der Fortschritt oder genauer: das übermäßige Tempo des Fortschritts."

Leopold Kohr, *Der Ursprung der Slums*, 1968[298]

Mit dem Verschwinden des Mondes geht das Stück „The Grid" von der Ouvertüre in den Hauptteil über. Das scheinbar allgegenwärtige Gitter („The Grid"[299]), welches schon leise in den Nachtaufnahmen zuvor angekündigt wurde, die Anders'sche Apparatewelt, entfesselt nun, da der göttlich anmutende Sittenwächter, der Mann im Mond, nicht mehr hinsieht, sein volles Potenzial. Von 45:52 bis 1:03:08, nahezu 20 Minuten lang – dies entspricht etwa einem Viertel der Lauflänge des Films – werden exzessiv, in immer schnelleren Schnittabfolgen sowie immer stärker zeitgerafften Einstellungen viele der das Alltagsleben der westlichen Konsumgesellschaft bestimmenden Aspekte in einer immer weniger differenzierbaren Geschwulst aus Bildern vorgeführt. Die bald schon kaum mehr identifizierbare Formgebung hat hier selbstverständlich Methode: Die Differenzen und Grenzen auflösenden Kräfte der Postmoderne werden hier filmisch umgesetzt. Dies geschieht auf eine dem Medium Film ungewöhnliche Art: Einzelbilder, die zwar bewusst und mit Bedacht gewählt wurden, werden absichtlich nur derart kurz – gegen Ende nur noch in tatsächlichen Einzelbildern, also den 24. Bruchteil einer Sekunde lang – gezeigt, so dass der Betrachter, allein schon durch die Notwendigkeit des Blinzelns, schier nicht fähig ist, sie sämtlich mitzubekommen. Der Film vermittelt also auf formeller Ebene eine der für mich wichtigsten Ansichten dieser Postmoderne, nämlich, dass es nicht im Bereich des Möglichen ist, irgendetwas in seiner Vollständigkeit wahrzunehmen.[300] Zumindest in den anfänglichen Zeitraffer-Aufnahmen noch zu sehen ist der Hintergrund. Während die sich bewegenden Menschen meist nur verschwommen sichtbar sind, tritt ihre relativ statische Umwelt in den Vordergrund. Diese Umwelt ist geprägt von Menschgemachtem und von allgegenwär-

297 Debord (1967), S. 13.

298 Kohr (1968), S. 44.

299 Laut online-Wörterbuch Leo kann das englische Wort „grid" u.a. auch Rastergitter, Versorgungsnetz, Koordinatennetz oder Stromnetz bedeuten.

300 Im Quantenbereich findet dies seine Entsprechung in Heisenbergs Unschärferelation.

tigen Geräten. Letztere werden zwar von Menschen benutzt oder bedient. Was aber am Ende der Einstellungen bleibt, ist nicht die Erinnerung an Gesichter, sondern die Erinnerung an das Antlitz der Welt als Maschine.[301]

IV.8.5. Powaqqatsi und Evidence: Röhre in eine andere Welt

Erstaunlich wenig Raum bietet *Koyaanisqatsi* dem Phänomen Fernsehen – diese Feststellung würde unter anderen NEIL POSTMAN sicherlich unterschreiben. Dessen Werk *Amusing Ourselves to Death*[302] stellt eine kritische Sektion des Fernsehens dar und soll hier zumindest genannt werden.

Wenngleich also das Medium Fernsehen im ersten Teil der Qatsi-Trilogie zwar durchaus in vereinzelten Einstellungen gezeigt wird, aber alles andere als eine prominente Rolle spielt, soll es uns dennoch, ganz seiner Bestimmung folgend, als Röhre in andere Welten Reggios dienen, in welchen es ausgiebiger behandelt wird. Denn seine außergewöhnliche Breitenwirkung, die vielleicht deswegen weitestgehend ignoriert wird, weil sie längst zum Gemeinplatz geworden ist, soll dennoch ganz und gar nicht außen vor gelassen werden.

---

301 Siehe auch V.

302 Neil Postman: *Amusing Ourselves to Death* (1985). New York 2005.

IV.8.5.1. Powaqqatsi: Ein neuer Kolonialismus?

„Mit dem Ende der 1970er Jahre, genauer mit dem Ende des Vietnamkriegs, begannen transnationale Konzerne (TNK) sich mit ihren Geschäftsaktivitäten überall auf der Welt zu etablieren, in jedem Winkel des Planeten. Diese TNK wurden zu einem Hauptantrieb der ökonomischen und politischen Transformation postkolonialer Länder [...]. Die[...] verschiedenartigen Ströme flossen im wesentlichen in Richtung der USA, von wo aus die Bewegungen und Operationen der TNK garantiert und koordiniert, wenn nicht direkt kommandiert wurden. Diese Phase war für die Konstitution des Empire entscheidend."

Michael Hardt, Antonio Negri, *Empire*, 2000[303]

„I'm not making a virtue of poverty, which I was accused of for this film – of romanticising poverty and oppression and suffering. No. I was trying to say that there are other norms of standards that are different from ours. Again, part of this homogenisation is taking the same standard for everyone. So this way of life, which to me is the future of the south, is the very thing that's at risk the most today."

Godfrey Reggio, *Impact of Progress*, 2002[304]

Die Verbindung zum zweiten Teil der Qatsi-Trilogie ist also hergestellt. Auch in jenen Gefilden der Welt, in denen, wie der Film vor allem zeigt, noch die manuelle, individuelle Arbeit anstatt der tayloristischen, maschinellen Arbeit vorherrscht, in denen jahrhundertealte Brauchtümer gepflegt werden und in denen der traditionelle Glaube noch ein integraler Part des täglichen Lebens ist, in jenen Ländern also, die nicht in die Kategorie der Industrienationen eingeordnet werden, hat das Fernsehen bereits Einzug erhalten. Das Fernsehen wird hier in Ansätzen als ein propagandistisches Medium gezeigt, mit dem westliche/kapitalistische Werte in die vom Westen Dritte-Welt- oder Schwellenländer genannten Gebiete der Welt exportiert werden.

Was die Thematik der vorliegenden Arbeit angeht, stellt sich die Herangehensweise an *Powaqqatsi* (USA 1988) zunächst jedoch ein wenig problematisch dar. Die Frage, ob auch dieser zweite Teil der Qatsi-Trilogie einen amerikanischen Schliff in der Ikonografie aufweist, lässt sich vielleicht am Besten über einen kleinen Umweg herausarbeiten. Die Bilder, die allesamt nicht auf dem nordamerikanischen Kontinent aufgenommen wurden, lassen vorerst vermuten, dass sich die Fragestellung gewissermaßen von selbst beantwortet.

303 Hardt/Negri (2000), S. 258.

304 Zit. nach: *Impact of Progress* (USA 2002).

Die vornehmlich deutschen Kritiken, die André Böhm aufführt, wenden vor allem die Kategorien „Westliche Welt" und „Dritte Welt" an, um sich dem Film und seinem Inhalt zu nähern. Nehmen wir also einmal an, die Unterscheidung zwischen dem Amerikanischen und dem Westlichen spiele im Falle eines Films über diese „Dritte Welt" keine große Rolle. Folglich ersetzen wir die amerikanische Brille, die wir noch in *Koyaanisqatsi* trugen, durch eine westliche. Das Ergebnis, auf das ich abziele, wird dadurch nicht im Geringsten verfälscht. Dabei sind für die hier betrachtete Thematik besonders zwei Sätze ausschlaggebend. Der eine stammt von CLAUS SEIDL, der in der Süddeutschen Zeitung schrieb: „Reggio [...] ist feige [...] wagt sich nicht in die Nähe der Menschen [...] holt sie lieber mit dem Teleobjektiv heran [...] Reggio verhält sich zur Dritten Welt wie ein Kolonialist [...] er ist bloß ein Scharlatan."[305] Der zweite stammt aus der Frankfurter Rundschau (Autor unbekannt): „[...] die ihrer natürlichen Aura und Geschwindigkeit beraubten Menschen sind in 'Powaqqatsi' zu Anschauungsgegenständen, zu Accessoires der 1. Welt geworden."[306]

Sieht man einmal davon ab, dass die von den Autoren verwendete Terminologie der Weltenhierarchie an sich schon diskriminierender ist, als es das reine Bild jemals sein kann, wird hier meines Erachtens exemplarisch nicht nur die Widersprüchlichkeit der westlichen Rezeption und Kritik des Films, sondern ihr von der eigenen Projektion verursachtes Unvermögen deutlich. Mit anderen Worten: das Denken der westlichen Autoren in den Kategorien „Erste Welt" und „Dritte Welt" lässt sie diese Kategorien beim Betrachten des Films in diesem wiedererkennen.

Folglich kann man dieser Art von Rezeption das, was sie dem Film vorzuwerfen versucht, ihr selbst vorwerfen, nämlich eine diskriminie-rende, weil subordinierende Haltung gegenüber nicht als westlich geltenden, da nicht technisierten Kulturen. Und wie Böhm richtig erkannt hat: „Man kann nur zu solchen Aussagen kommen, wenn man nicht genügend Hintergrundwissen über die Macher und deren Biographien hat."[307]

Dass es sich im Falle von *Powaqqatsi* nämlich gänzlich anders verhält, sollen wiederum zwei Sachverhalte aufklären. Einer ist eine Äußerung des Regisseurs selbst, in der seine Intention deutlich wird: „And when we say 'Gee, in Africa their standard of living is not as good as ours', who's to say that? Who's to say that a standard of living is predicated on having a house, going to school, having medical care and this kind of food?"[308] Der Zweite ist wiederum Teil der von

305 Zit. nach Böhm (2005), S. 65.

306 Zit. nach Böhm (2005), S. 66.

307 Böhm (2005), S. 65.

308 Zit. nach: *Impact of Progress* (USA 2002).

André Böhm herausgearbeiteten Rezeptionsgeschichte, in diesem Fall jedoch sozusagen aus der Perspektive der Betroffenen:

> „'Powaqqatsi' wurde in Taschkent aufgeführt, bei dem größten Fest in der Dritten Welt und später in Sao Paolo. Er wurde dort zu einem Erfolgsfilm. In Sao Paolo gewann er als bester Film den Publikumspreis. Auch in Indien verlief die Aufführung großartig, immerhin stammen dreißig Prozent der Bilder des Filmes von dort. So kann von Zynismus im Film kaum eine Rede sein, denn die Menschen fühlen sich anscheinend nicht so behandelt."[309]

Sind also nicht jene, von denen der Film handelt, diejenigen, deren Privileg es sein sollte, ihn zu beurteilen? Ich meine, ja. Und bescheinigt nicht die Akzeptanz des Films in jenen Ländern Reggio ein besonderes Einfühlungsvermögen? Dass *Powaqqatsi* nicht mehr in amerikanische Ikonografie gekleidet ist, ergibt sich aus dem Sujet des Films. Aber meines Erachtens schafft es Reggio, nicht nur seine amerikanische, sondern sogar sein westliche Brille fast vollständig abzunehmen. Er ist, wenn auch anders behauptet, nah dran an den Menschen der sogenannten Dritten Welt, das bezeugt die Wahrnehmung in den Ländern jener.

Powaqqatsi ist also mehr als Reggios Blick über den amerikanischen Tellerrand. Vielmehr begibt sich der Regisseur höchstpersönlich auf die verschiedenen Teller selbst, den asiatischen, den südamerikanischen und den afrikanischen. Somit kann *Powaqqatsi* durchaus als Argument gegen die These dieser Arbeit betrachtet werden: Mit diesem Film beweist Reggio, dass er in der Lage ist, seine amerikanische Haut abzulegen. Zudem zertifizieren ihn seine Anschau-ungssubjekte selbst mit einer besonderen Einfühlungsgabe.

Und André Böhm macht noch eine weitere interessante Feststellung in diesem Zusammenhang:

> „Die Kritiken des Filmes 'Powaqqatsi' lassen den Eindruck aufkommen, dass die Wahrnehmung des Filmes allein nicht ausreicht, um den Film im Sinne der Macher zu interpretieren. Das würde bedeuten, dass man eine Bedienungsanleitung braucht, um die Darstellungen nicht zu entfernt vom Gewollten wahrzunehmen."[310]

Diese Bedienungsanleitung hat Reggio bereits in *Koyaanisqatsi* genannt und auch im Abspann von *Powaqqatsi* werden ihre Verfasser in den Danksagungen mit aufgeführt. Die Autoren dieser Bedienungsanleitung, die am Ende sowohl von *Koyaanisqatsi* als auch *Powaqqatsi* stehen, heißen Jacques Ellul, Ivan Illich und Leopold Kohr.

309 Böhm (2005), S. 65.
310 Böhm (2005), S. 66.

IV.8.5.2. Evidence: Unsere Kinder vor der Mattscheibe

> *„Die Entfremdung des Zuschauers zugunsten des angeschauten Objekts (das das Ergebnis seiner eigenen bewußtlosen Tätigkeit ist) drückt sich so aus: je mehr er zuschaut, um so weniger lebt er; je mehr er akzeptiert, sich in den herrschenden Bildern des Bedürfnisses wiederzuerkennen, desto weniger versteht er seine eigene Existenz und seine eigene Begierde. Die Äußerlichkeit des Spektakels im Verhältnis zum tätigen Menschen erscheint darin, daß seine eigenen Gesten nicht mehr ihm gehören, sondern einem anderen, der sie ihm vorführt. Der Zuschauer fühlt sich daher nirgends zu Hause, denn das Spektakel ist überall.“*
>
> Guy Debord, *Die Gesellschaft des Spektakels*, 1967[311]

> *„'Sesame Street' appeared to justify allowing a four- or five-year-old to sit transfixed in front of a television screen for unnatural periods of time. Parents were eager to hope that television could teach their children something other than which breakfast cereal has the most crackle. At the same time, 'Sesame Street' relieved them of the responsibility of teaching their pre-school children how to read [...].“*
>
> Neil Postman, *Amusing Ourselves to Death*, 1985[312]

„This evidence was filmed in March 1995: children watching television.“ Dies ist der einzige Text, der am Ende des Films eingeblendet wird. Ansonsten besteht *Evidence* (USA 1995) lediglich aus Zeitlupen-Aufnahmen von Kindern, während sie fernsehen. Darüber ist ein Soundtrack von Philip Glass gelegt.

Wieder also bleibt sich Reggio formell treu. Auf den ersten Blick enthält auch dieser Film keine eindeutig lesbare Kritik am Fernsehen, so gerne man diese vielleicht auch hineinlesen würde. Zunächst einmal will der knapp achtminütige Film lediglich ein Beweisstück sein, also eine Art Dokument, mithilfe dessen ein bestimmter Zustand des Menschseins aufgezeichnet wird.

Nun ist es aber doch genau die Aufgabe des Filmwissenschaftlers Texte in Filme hineinzulesen, während er seiner Bestimmung, dem Interpretationszwang, folgt. Auf den zweiten Blick weist *Evidence* einen entscheidenden Unterschied zu beispielsweise *Koyaanisqatsi* auf. Die Kinder sind nämlich aus jenem Kontext, innerhalb dessen sie normalerweise fernsehen würden, herausgerissen. Die Gruppe von Kindern wurde vor einem schwarzen Hintergrund positioniert – der einzige Kontext, der sich noch herstellen lässt, besteht aus ihren Kleidern, ihren

311 Debord (1967), S. 26.
312 Postman (1985), S. 143.

Frisuren und ihrer Physiognomie. Zwar handelt es sich um Kinder weißer Hautfarbe, aber es lässt sich nicht feststellen, ob sie amerikanischer Herkunft sind. Dies kann man, bezogen auf die Fragestellung der vorliegenden Arbeit, schon einmal festhalten. Womöglich war es Reggio ein Anliegen, gerade den amerikanischen Kontext außen vor zu lassen, um den Protagonisten eine universellere Aura zu verleihen: Es geht hier nicht um Amerika, sondern um „unsere" (westlichen) mit dem Fernsehen aufwachsenden Kinder im Allgemeinen.

Weiterhin verleiht sowohl der fehlende Kontext der Szenerie als auch die verlangsamte Geschwindigkeit der Aufnahmen dem Film etwas (Alp-)Traumartiges. Die Spannung im Zuschauer entsteht durch das Ungesehene, in diesem Fall das, was die Kinder im Fernsehen betrachten, sie oder er aber nicht sehen kann. Die Tränen des Mädchens vorne in der Mitte einerseits und der starre Blick des anderen vorne rechts andererseits lassen Unterschiedliches vermuten. Es ist diese durch die Verschiedenheit der Gesichtsausdrücke vermittelte Ambivalenz, die den Film faszinierend und zugleich beängstigend macht.

Und genau hierin ist meines Erachtens doch eine nahezu handfeste Kritik am Fernsehen angelegt. Es sind einerseits die Tränen und es ist die Paralyse, welche die Immersion hervorrufen, und die ein ständiges „Was tun wir unseren Kindern an?" mitschwingen lassen. Ein weiterer wichtiger Kritikpunkt wird deutlich, wenn man sich die Positionierung näher ansieht. Der Film zeigt fünf Kinder in ähnlichem Alter, vielleicht sechs oder sieben Jahre alt, und man würde fast schon erwarten, dass sie, wenn sie unter „normalen" Umständen aufeinanderträfen, in einer Kindern eigenen ungezwungenen Art miteinander kommunizierten. Das Fernsehen jedoch scheint ihnen ihre Unbefangenheit zu nehmen und sie in Reih und Glied zu zwingen. Vor dem Fernseher sitzt man in der gleichen Richtung und nicht etwa einander gegenüber. Das Fernsehen setzt die zwischenmenschliche Kommunikation aus. Und der Film führt diesen Umstand vor, indem er fünf Kinder zeigt, die zwar nebeneinander sitzen, mit ihren Gefühlen aber gänzlich alleine sind. Etwas pathetischer ausgedrückt: Das Mädchen in der Mitte drückt ihre Hände an die Außenseiten ihrer Schenkel anstatt die Hände ihrer Nachbarn zu ergreifen.

IV.8.6. Songlines (Patricia's Park): Minimalismus ist Wiederholung

„When I first met Godfrey in '78 […], I said 'I don't write movie music'."
Philip Glass, *Essence of Life*, 2002[313]

„I leave the scape of mathematical contour to Phil."
Godfrey Reggio, *Essence of Life*, 2002[314]

Das kürzeste Regiewerk Godfrey Reggios ist auch zugleich das uninteressanteste und soll hier nur kurze Erwähnung finden. Aus dem Album *The Breathtaking Blue* der deutschen Popband Alphaville von 1990 wurden zehn Songs für ein Musikvideoprojekt ausgewählt. Neun davon wurden einzeln von namhaften Regisseuren verfilmt. Die Besonderheit besteht darin, dass die einzelnen Videos zusammen als Film mit dem Titel *Songlines* (USA 1989) gezeigt wurden, wobei der zehnte Song den Abspann musikalisch untermalte.

Von Verfilmen kann jedoch bei Reggio's *Patricia's Park* (USA 1989) kaum die Rede sein. Denn der Film besteht ausschließlich aus zusammengeschnittenem Material, das bereits in *Koyaanisqatsi* und *Powaqqatsi* benutzt wurde. Das einzige, was ich dem Video abgewinnen kann, ist die Möglichkeit, die bekannten Bilder in neuem musikalischen Kontext zu sehen, jene Bilder, die bis dahin untrennbar mit Philip Glass' Soundtrack verschmolzen waren.[315]

313 Zit. nach: *Essence of Life* (USA 2002).

314 Zit. nach: ebd.

315 Dies zu untersuchen, fände ich interessant, sehe ich jedoch nicht als relevant an im Rahmen der Fragestellung der vorliegenden Arbeit.

„Unfrei ist [der heutige Arbeiter] nicht etwa nur deshalb, weil er vom Eigentum an 'seinen' Produktionsmitteln oder Produkten ausgeschlossen, sondern weil er das Ganze des Produktionszusammenhangs, in das er integriert ist, nicht übersieht; und ebensowenig das Endprodukt und dessen Bewandtnis kennt – diese bleiben gewissermaßen 'transzendent'; ebensowenig die moralischen und unmoralischen Qualitäten 'seines' Produkts; ebensowenig dessen Nutznießer, Verwender oder dessen Opfer. […] So ist es mir und der Belegschaft, innerhalb derer ich arbeitete, vor schon mehr als 35 Jahren in einer kalifornischen Fabrik ergangen.

Das Einzige, was wir 'vor uns sahen', war das auf uns zu- und dann sofort wieder von uns fortwandernde Produktstück, für dessen Bearbeitung wir eingesetzt waren – wir wünschten auch nicht mehr, mehr zu wissen oder zu sehen, *die Neugierde war uns fortmanipuliert worden; uns fehlte jedes Interesse an unserem Tun – […]* Wir sollten *an dem, was wir verrichten,* kein Interesse haben, wir sollten ohne Bewandtnis arbeiten. *[…] In der Tat wäre es auch falsch und zuviel Ehre für unser damaliges Tun gewesen, dieses 'Arbeiten' zu nennen. Da es zielblind vor sich ging, war es eher eine Art von* Gymnastik, *die wir täglich 8 Stunden lang zu treiben gezwungen waren. […] Schon vor Jahrzehnten hatte* CHAPLIN [nicht in Kapitälchen im Original] *diese 'Unfrei-Übungen' vorgeführt, in seinem Film 'Modern Times', der einen Mann zeigt, der abends, von seiner Fließbandarbeit heimkehrend,* nicht mehr frei genug ist, sich von diesen unfreien Bewegungen freizumachen; *und der nun fassungslos dem Tanz seiner, fremden Tieren gleichenden, Hände zuschaut:* 'Chaplinitis'. *[…] Dazu kommt, daß es gar nicht so gewiß ist, daß Fließbandarbeit wirklich noch 'Arbeit' im klassischen Sinne darstellt. […] Vielmehr besteht die Leistung ja immer nur aus Fragmenten einer Tätigkeit, mit denen wir uns niemals zu identifizieren vermögen, die wir aber tausend Male ohne Identifizierung wiederholen müssen. Da sie uns weder die Freude am werdenden noch am fertigen Produkt gewährt, ist die Fließbandarbeit etwas viel Schlimmeres […] als jede frühere Arbeit gewesen ist. Erst sie macht uns zu Proletariern.*"[316]

316 Anders (1980), S. 91f.

IV.8.7. Ivan Illich: Selbstbegrenzung – Ein Plädoyer

„Es stellt sich jetzt heraus, daß Maschinen nicht machen, was wir wollen und daß man Menschen nicht auf ein Leben im Dienste von Maschinen abrichten kann."

Ivan Ilich, *Selbstbegrenzung*, 1973[317]

„Die 'Identitätskrise' der modernen Gesellschaft ist darauf zurückzuführen, daß ihre Mitglieder zu selbst-losen Werkzeugen geworden sind, deren Identität auf ihrer Zugehörigkeit zu Großkonzernen (oder anderen aufgeblähten Bürokratien) beruht. Wo kein echtes Selbst existiert, kann es auch keine echte Identität geben."

Erich Fromm, *Haben und Sein*, 1976[318]

Ivan Illichs Essay mit dem Titel *Selbstbegrenzung – Eine politische Kritik der Technik* erschien zum ersten Mal 1973 unter dem Titel *Tools for Conviviality*.[319] Als „konvivial" definiert er in der Einleitung „*[e]ine Gesellschaft, in der sich Individuen und nicht Manager moderner Technologien bedienen* [im Original kursiv]"[320]. Den Essay bezeichnet er als „das Konzept einer multinationale [sic] Ausgewogenheit des menschlichen Lebens [...], das dazu dienen kann, zu prüfen, in welchem Verhältnis der Mensch zu seinen Werkzeugen steht."[321] Mit anderen Worten entwickelt er in der Schrift anhand der Analyse der bestehenden Verhältnisse eine Art Utopie im Sinne eines Verbesserungsvorschlags. Seine Kritik gilt vornehmlich den Institutionen, die seiner Meinung nach durch ihre Eigengesetzlichkeit und durch das Entscheidungsmonopol ihrer Manager dazu tendieren, an einem bestimmten Punkt zum Selbstzweck zu werden und ab diesem mehr und mehr ihre eigentliche Intention, nämlich im Dienste des Menschen zu stehen, verfehlen.

Die Form des Essays scheint Illichs Gemüt am meisten zu entsprechen. Bisweilen polemisch, stellenweise geradezu wütend, formuliert er seine Thesen, wie es keine streng wissenschaftliche Herangehensweise erlauben würde. Die Verwandtschaft zu *Koyaanisqatsi* wird beispielsweise in folgender Äußerung Illichs mehr als deutlich: „Inzwischen ist jeder Aspekt der Industriegesellschaft zum Teil eines verkappten Systems geworden, das der Produktionserweiterung und der Steigerung der Nachfrage auf ein Maß dient, das die Gesamtkosten für

317 Illich (1973), S. 27.

318 Fromm (1979), S. 143.

319 Ivan Illich: Selbstbegrenzung – Eine politische Kritik der Technik (1973). München 1998.

320 Illich (1973), S. 13.

321 Illich (1973), S. 11.

die Gesellschaft rechtfertigt."[322] Oder nehme man das Zitat Illichs am Anfang von Kapitel III. Der Film zeigt in vielen Beispielen diese, wenn man so will, abgerichteten Menschen, die – im Schichtdienst arbeitend – große Teile ihres Lebens damit verbringen (müssen), Maschinen, denen sie zugewiesen wurden, zu bedienen. Da sind beispielsweise die Fließbandkontrolleurin bei 50:38, in deren Brillengläsern sich die vorbeifahrenden Produkte derart spiegeln, dass man ihre Augen nicht erkennen kann und die Postsortiererinnen bei 50:46, deren Aufgabe überhaupt nicht deutlich wird, scheint die eigentliche Arbeit doch von mechanischen Armen verrichtet zu werden, die anstelle der menschlichen Arme zu sehen sind. Die Verdrängung, von der Illich spricht, wird hier ganz deutlich thematisiert und illustriert. Zunächst Augen und dann Gliedmaßen werden von Produkten beziehungsweise Maschinenteilen verdeckt respektive ersetzt.

Das Allgemeine bei Illich wird hier durch das Konkrete illustriert. Bemerkenswert ist in diesem Zusammenhang der Effekt, den die formelle Umsetzung des Films auf die genannten konkreten Beispiele, nämlich die bei der Arbeit gefilmten Menschen, hat. Wenngleich es, im Gegensatz zu den weiter unten noch beschriebenen Menschenmassen, sich hier um eine durchaus überschaubare Anzahl an Individuen handelt, fehlt diesen ein großer Teil ihrer Einzigartigkeit. Die filmische Technik des Zeitraffers sowie die Abwesenheit fast jeglichen diegetischen Tons lässt das konkrete Abbild wiederum eine gewisse Allgemeingültigkeit annehmen. Zudem lässt sich auch auf formeller Ebene eine weitere Grundverbindung herstellen. Mit der von Illich gewählten literarisch-journalistischen Form des Essays wird auch *Koyaanisqatsi* in vielen Datenbanken in Verbindungen gesehen, nämlich als Essayfilm. „[S]chreibend zu einer neuen Sicht auf etwas zu gelangen, macht" für ANDREAS MARTIN WIDMANN „den Essay zur zeitgemäßen literarischen Form in einer Welt, die für den einzelnen auch nicht mehr annähernd überschaubar ist."[323] Einerseits ist es auch diese unübersichtliche Welt, der Ivan Illich sowie Godfrey Reggio „eine sinnvolle Ordnung zu geben"[324] versuchen. „Zeitgemäß" ist diese Gattung für Widmann jedoch „auch deshalb, weil man für die Lektüre meist nicht mehr als eine Stunde aufwenden muss"[325], womit ein weiterer Anknüpfungspunkt zum Medium Film generell geschaffen ist. Der Film konnte nicht zuletzt aufgrund seiner verhältnismäßigen Kürze dem Roman den Rang ablaufen.

322 Illich (1973), S. 47.

323 Widmann (2012).

324 Ebd.

325 Ebd.

„Unglaubhaft die Zahl der Spielhöllen. [...] Da stehen sie nun also, die Sirenenjäger, den Hebel in der Hand, die Sprünge und Capricen ihrer Partnerinnen parierend, von der Umwelt wissen sie nicht das mindeste mehr. Daß sie nicht Ungelernte sind, [...] das ist auf den ersten Blick zu erkennen. Denn sie alle reagieren wie Fechter, alle mit jener traumhaften Schnelligkeit, über die nur Routiniers oder Süchtige verfügen. [...] Warum steht der Mann schon wieder dort? [...] Welcher sex appeal zieht ihn in die Arme der verchromten Sirene? [...] Am nächsten läge natürlich die Antwort: weil er einsam ist, weil eben auch er, wie [...] Millionen anderer Großstädter, auf Ersatzbefriedigung angewiesen ist, weil als Partner-Substitute eben auch Apparate gut genug sind. [...] Tatsächlich ist die Ersatzhypothese nicht nur falsch, sondern naiv, da sie etwas voraussetzt, was nicht nur nicht mehr den Tatsachen entspricht, sondern diese geradezu auf den Kopf stellt: nämlich das menschliche Beziehungen primär noch immer Beziehungen zu Menschen seien. Häufig gilt heute umgekehrt die Inversion, das heißt: daß die Alltagswelt, mit der Menschen zu tun haben, in erster Linie eine Ding- und Apparatewelt ist, in der es auch Mitmenschen gibt; nicht eine Menschenwelt, in der es auch Dinge gibt und Apparate.“[326]

„Auch er hatte seine Maschine nur bedient. [...] Und dann wurde es Feierabend. Und nun schlendert er durch das Fabrikportal hinaus, und siehe: Da drüben im Lokal, da stehen auch welche, auch Maschinen. [...] 'Gar nicht so unähnlich dem Ding, vor dem ich den Tag über gestanden habe, der Maschine, die ich den Tag über bedient habe, von der ich mehr als genug habe und auf die ich für mein Leben gerne einmal einschlagen würde. [...] Auch sie streckt ihren Hebelarm aus, auch sie verlangt nach Fütterung, auch sie will bedient werden, auch sie will in Gang gebracht sein [...] – kurz: eine von ihnen, Maschine ist Maschine.[...] 'Maschine ist Maschine', denkt er noch einmal, 'schließlich hat man ja gelernt, mit euresgleichen umzugehen, oder vielleicht nicht?', und reicht ihr bereits das Futter [...] und 'ich werd dir's schon zeigen'. – Und was er ihr zeigen will, ist nicht nur, daß er es versteht, mit ihresgleichen umzugehen, sondern daß ihresgleichen nichts besseres verdient, als zu gehorchen und das zu tun, was er wünscht, und [...] die Wut überkommt ihn und die Lust, sie dazu zu zwingen, das wiedergutzumachen, was ihre ölbeschmierten Schwestern in den Werkstätten und Fabriken ihm sein Lebtag lang angetan haben.“[327]

326 Anders (1980), S. 58f.
327 Anders (1980), S. 75f.

IV.9. MICROCHIP

„[...] I dream of cherry pies, // Candy bars, and chocolate chip cookies // you got it, you got it // We used to microwave // Now we just eat nuts and berries // you got it, you got it [...]"

Talking Heads, *(Nothing But) Flowers*, 1988

1:03:09. Das Gefühl des Schwindels stellt sich erst ein, wenn man aufhört, sich zu drehen. Und genau dies geschieht an diesem Punkt im Film. Eben war man noch ein Kind, das viel zu schnell um sich selbst rotierte. Vollkommen unvermittelt stoppt man schließlich und es stellt sich diese katerähnliche Übelkeit ein.

IV.9.1. Naqoyqatsi: Glasfaserkabel in eine andere Welt

„Der als Star in Szene gesetzte Agent des Spektakels ist [...] der Feind des Individuums, an sich selbst ebenso offensichtlich wie bei den anderen. Indem er als Identifikationsmodell ins Spektakel übergeht, hat er auf jede autonome Eigenschaft verzichtet, um sich selbst mit dem allgemeinen Gesetz des Gehorsams gegenüber dem Lauf der Dinge zu identifizieren."

Guy Debord, *Die Gesellschaft des Spektakels*, 1967[328]

"Americans no longer talk to each other, they entertain each other. They do not exchange ideas, they exchange images. They do not argue with propositions; they argue with good looks, celebrities and commercials."

Neil Postman, *Amusing Ourselves to Death*, 1985[329]

Die kleine Sequenz eignet sich aus zweierlei Gründen dafür, als Anknüpfungspunkt zum dritten Teil der Qatsi-Trilogie zu dienen. Erstens ist die Eingangseinstellung eine der wenigen Aufnahmen, die in beiden Filmen verwendet werden. Das Bild des lautlosen, ultraweitwinkligen Schwebens über den Wolkenkratzern einer amerikanischen Innenstadt, in *Koyaanisqatsi* noch unverfälscht, ist in *Naqoyqatsi* (USA 2002), wie die meisten Aufnahmen, digital stark verfremdet – auch *Koyaanisqatsi* ist im Jahr des Erscheinens seines zweiten Nachfolgers, 2002, bereits zu einem reinen Image geronnen.

Was folgt, ist eine Konvergenzmontage, welche die von Satellitenaufnahmen offenbarte Gitterstruktur der amerikanischen Großstadt Makrofotografien von

328 Debord (1979), S. 49.
329 Postman (1985), S. 92-93.

Computerchips gegenüberstellt. Was diese Montage in Verbindung mit den vorherigen Aufnahmen des „systemischen Exzesses" suggeriert, ist, dass beide Elemente, im Großen wie im Kleinen, ähnlich agieren im Innern der Informationsgesellschaft. Das Große behandelt *Koyaanisqatsi*, für dasjenige, was sich im Kleinen abspielt, war erstens zu wenig Platz in dem Film und zweitens die Zeit noch nicht reif im Jahre 1982. Auf die zwar charmanten, aber unbeholfen anmutenden Computertricks beispielsweise eines Films wie *Tron* (USA 1982) aus dem selben Jahr wollte man sich womöglich nicht einlassen bei aller Ernsthaftigkeit des Themas. Knapp zwanzig Jahre später war die Zeit gekommen, da diese virtuelle Welt nicht mehr länger stiefmütterlich behandelt werden konnte – dem Thema wurde ein ganzer Film gewidmet.

Naqoyqatsi ist ein Film, der nahezu gänzlich ohne realistische, soll heißen, unverfremdete Aufnahmen auskommt. Sämtliche angeschnittenen Themen, die eine immense Reichweite aufweisen – vom Klonen bis zur Kreditkarte und von der Wall Street bis zur Werbung – an dieser Stelle aufzuzählen, wäre müßig. Worum es dem Film in erster Linie geht, ist nicht, die Themen selbst zu behandeln, sondern die Annahme, dass sie in unserer Wahrnehmung zu reinen Images geworden sind. *Naqoyqatsi* zeigt die Bild gewordene virtuelle Welt am Anfang des dritten Jahrtausends, die Welt der sich verselbständigten Zeichen. Seien es die Röntgentechnik oder riesige Radioteleskope, sei es die Werbung oder der Medienrummel, immer geht es um Bilder und Aufnahmetechniken, immer geht es um das, was die wenigsten selbst erlebt haben, aber jeder aus dem Fernsehen kennt. Das Entscheidende und gleichzeitig Erschreckende an den Bildern ist die Tatsache, das man ihre Inhalte in aller Regel sofort benennen kann – meist, ohne dass man sie jemals persönlich zu Gesicht bekommen hat. Zu einem Image, zu einer Ikone wird ein Bild, wenn „jeder" es kennt.

Zwar verwendet *Naqoyqatsi* Bilder aus aller Welt und zu Beginn kommt der Film auch sehr international daher – bald jedoch, spätestens nach knapp zwanzig Minuten Laufzeit, beginnen mehr und mehr, die amerikanischen Ikonen Überhand zu nehmen. Von Stars-and-Stripes-Orgien über das dem Geld angedichtete Aufwärtsstreben des Regens aus Vierteldollarmünzen, der Kreditkarte und den Gladiatoren des American Football bis hin zur Freiheitsstatue, dem Capitol und der Atombombe – mehr und mehr setzt sich die amerikanische Ikonographie gegen jene zunehmend zu Nebenakteuren verkommenden Bilder aus dem Rest der Welt durch.

Ein besonderer Höhepunkt ist für mich die Sequenz der buchstäblich oberflächlich animierten Stars im Blitzlichtgewitter, gefolgt von einer Handvoll Abbildungen „echter" Stars – allen voran natürlich Marilyn Monroe und Marlon Brando – und dem ebenso oberflächlichen „Hollywood"-Schriftzug. Debords „Agent des Spektakels" ist hier faktisch nur noch die Blaupause eines Menschen, der für die Fotografen posiert, um als Abbildung die Projektionsfläche für die Sehnsüchte der Konsumenten sein.

Eine weitere Klimax, der Gipfel aller im Film gezeigten Werbeaufnahmen, ist die mehr als halbminütige Einstellung bei ziemlich genau einer Stunde. In Zeitlupe sieht der Zuschauer, was offenbar Rohmaterial eines Werbefilmprojekts für Hamburger zu sein scheint. Die Nahaufnahme zeigt eine weibliche Schauspielerin, die einen Burger unmittelbar vor ihrem Gesicht hält. Doch bevor sie letztendlich zubeißt, versucht sie, wie die Zeitlupe entlarvt, angestrengt das perfekte Lächeln zu produzieren.[330]

Wie „amerikanisch" dieser Film tatsächlich ist, lässt sich anhand einer quantitativen Analyse zweier sich dazu eignender Beispielsequenzen aufzeigen. Zur Errechnung der relativen Häufigkeit lassen Stichproben mit einer gewissen Genauigkeit auf die Gesamtmenge schließen. Die nach knapp einer dreiviertel Stunde beginnende Splitscreen-Sequenz zeigt neben anderen Versatzstücken in der Hauptsache Aufnahmen von Wachsfiguren berühmter Persönlichkeiten: Yassir Arafat, Nelson Mandela, Ronald Reagan, Abraham Lincoln, Colin Powell, Albert Einstein, Sitting Bull, Jacqueline Kennedy Onassis, Billy Graham, Donald Trump und Ted Turner, Martin Luther King, Lady Di, Papst Johannes Paul II., Fidel Castro und George W. Bush. Von diesen 16 Personen sind lediglich sechs keine Amerikaner. Ganz ähnlich verhält es sich mit den animierten Firmen(-Logos), die nach fast einer Stunde auf den Zuschauer geschossen werden, darunter BP, Levi's, IBM, Mercedes, General Electric, die Olympischen Ringe, Shell, Dupont, McDonald's, VW, Disney, CBS, Pizza Hut, Ford, Apple, Pfizer, Enron, NBC, Pepsi. Von diesen insgesamt 21 Firmen[331] sind mindestens 15 amerikanischer Herkunft.

Das Ende von *Naqoyqatsi* schlägt wiederum einen Bogen zu *Koyaanisqatsi*. Einer absurden, zumindest erwähnenswerten, Sequenz, in der verschiedenste Werke aus der Geschichte der Malerei – soviel kann man sagen – bis zur Unkenntlichkeit ineinander über gemorpht werden, folgt die Abschlusssequenz, deren roter Faden das Fallschirmspringen ist. Allesamt stark verfremdet, zum Teil vor blutrotem Himmel, erinnern die Bilder von den Fallschirmspringern stark an jene des herabfallenden Raketenteils am Ende von *Koyaanisqatsi*. Beide Aufnahmen zeichnen sich dadurch aus, dass das Anschauungsobjekt sich im Bildausschnitt kaum bewegt – die Drehung um die eigene Achse ist die einzige Bewegung – wodurch ein Gefühl der Schwerelosigkeit entsteht. Zwar geht es dem

---

330 Wie perfekt selbst diese entlarvte Werbung noch funktioniert, konnte ich beim Betrachten der Aufnahme am eigenen Leib spüren: Mir lief buchstäblich das Wasser im Mund zusammen.

331 Zwei der Logos konnten nicht identifiziert werden.

Fallschirmspringer genau darum. Sieht man die Symbolik der Einstellung jedoch in Assoziation mit der herabstürzenden Rakete, so liegt eine weitere Lesart zumindest nahe: Sowohl der Mensch der Freizeitgesellschaft, als auch jener der Industrialisierung, die diese hervorgebracht hat, befindet sich in einer Art freiem, nicht wahrgenommenen Fall und der Aufprall ist nur eine Frage der Zeit.

IV.10. PROPHECIES

> *„[...] This was a discount store, // Now it's turned into a cornfield // you got it, you got it // Don't leave me stranded here // I can't get used to this lifestyle."*
>
> Talking Heads, *(Nothing But) Flowers*, 1988

1:05:06. Ein Helikopterflug über eine nächtliche Gitterstadt, die in den Ausmaßen ihrer Straßenbeleuchtung fast nur Los Angeles sein kann, ganz sicher aber keine Stadt außerhalb der Vereinigten Staaten. Ein weiterer Helikopter, der den Bildausschnitt weiter unten passiert, macht die Größenverhältnisse deutlich und trotz der die Sinnlosigkeit allen Handelns zu beklagen scheinenden Musik kann man kaum anders, als in Ehrfurcht zu erstarren vor der Schaffenskraft unserer eigenen Spezies. Der Flug über ein gefülltes Baseballstadion, in dem Tausende sich amüsieren bei dieser, wie es heißt, amerikanischsten Sportart, lässt die Frage aufkommen, wie falsch dieser Lebenswandel wohl sein kann. Nach einer Einstellung mit einem weiteren nächtlichen Hochhaus, dessen abwechselnd ein- und ausgeschaltete Lichter der Frequenzpegel der fast verspielten Mickey-Mousing-Musik sind, begegnen wir einem weiteren Protagonisten der modernen Welt – dem Objekthirten.

G. Die Antiquiertheit der Arbeit (1977): Der Objekthirte

„Obwohl [die Fließbandarbeit] wahrhaftig schon unmenschlich ist [...] – die schlimmste Arbeit ist auch sie noch nicht. [... W]as ich meine, ist eine, oberflächlich gesehen, sehr leichte Arbeit*; eine, die in der Tat so leicht ist, daß sie dem, was wir [...] unter 'Arbeit' verstanden haben, noch weniger ähnelt, als es die tayloristische Arbeit tut. [...] Ich spreche von der Automation.[...] Was ich damit meine, ist, daß die in Automationsbetrieben Beschäftigen [...] während ihres Arbeitens noch nicht einmal dazu gezwungen sein werden, jene 'Gymnastik' zu*

betreiben, die wir vorhin[332] *als Inbegriff der heutigen Inhumanität kennengelernt hatten […]. Vielmehr wird ihre Pflicht darin bestehen, […] gewissermaßen* nichts *zu tun – freilich nur gewissermaßen: denn sie werden damit beschäftigt sein, zu* warten, *ob vielleicht (dies nur ein Beispiel) ein gewöhnlich grünes Licht durch Rotwerden (was eigentlich niemals vorkommen sollte und in der Tat nur alle Jubeljahre vorkommt) eine Störung anzeigt. Dies 'Warten' haben sie freilich – und dies ist etwas psychologisch Einmaliges –* aufs konzentrierteste durchzuführen. *[…] Das Wort 'warten' wird deshalb so gerne verwendet, weil es eine Doppelbedeutung hat: nicht nur* 'warten auf' *oder* 'warten ob', *sondern in seiner Transitivform* 'etwas warten', *die angeblich aktive Behütung von etwas anzeigt. Diese zweite Bedeutung wird dem Wartenden tatsächlich eingeredet.* Der Warter soll sich als Wärter vorkommen. [...] *'Objekthirte' wäre die am genauesten treffende Bezeichnung für den Automationsarbeiter.*"[333]

IV.10.1. *Thomas Pynchon: Gravity's Rainbow (1973)*

> *"Nature does not know extinction; all it knows is transformation. Everything science has taught me, and continues to teach me, strengthens my belief in the continuity of our spiritual existence after death."*
>
> Wernher von Braun[334]

> *„Science has not yet mastered prophecy. We predict too much for the next year and yet far too little for the next ten."*
>
> Neil Armstrong, *Joint Meeting of the United States Congress*, 1969[335]

1973 erscheint THOMAS PYNCHONS *Gravity's Rainbow*. Der umfangreiche Roman spielt im Zweiten Weltkrieg, einer der „Protagonisten" ist die deutsche V2-Rakete, auf deren ballistische Bahn der Titel Bezug nimmt. Der Titel der deutschen Übersetzung, „Die Enden der Parabel" bezeichnet nicht die Flugbahn der Rakete, sondern vielmehr Anfangs- und Endpunkt, in diesem Fall den Start in Peenemünde und die Explosion in London. Die Rakete dient im Buch als roter Faden, an dem sich die zahlreichen Handlungsstränge entlanghangeln.

Auch die zweite und die vorletzte Einstellung in *Koyaanisqatsi* sind Aufnahmen einer startenden Rakete, in diesem Fall einer Raumfahrtrakete. Dass dieser Unterschied womöglich nur ein kleiner ist, habe ich einerseits in Kapitel IV.5.5.

332 Vgl. Anders D.
333 Anders (1980), S. 94f.
334 Zit. nach: Pynchon (1973), S. 1.
335 Zit. nach: Sander (2004), S. 48.

angedeutet. Außerdem steht der hier eingangs zu Wort kommende WERNHER VON BRAUN wie kaum ein anderer für die Verwicklungen von Wissenschaft und Militär.

Die Rakete schlägt also auch den Bogen zwischen den beiden Texten von Pynchon und Reggio. In beiden Fällen dient sie sowohl als Symbol für die Gefährlichkeit der Technik als auch als konkretes Beispiel dieser Gefahr. Doch während es Pynchon auch darum geht, auf eben erwähnte Verwicklungen hinzuweisen, setzt Reggio bewusst keine Waffe ein. Sein Fokus liegt auf der Technik im Allgemeinen, sein Beispiel illustriert die Gefahren der noch so friedlich eingesetzten Technik. Die zu Beginn des Films in wissenschaftlicher Mission startende Rakete explodiert am Ende. Zwar stammen die Aufnahmen von einem unbemannten Flug, aber die Challenger-Katastrophe nur wenige Jahre später muss jeder Zuschauer von *Koyaanisqatsi* ab 1986 vor Augen haben.

V. GENRE UND INTENTION

„I tried to take the background, all of that that just supported, like wallpaper, move that up into the foreground, make that the subject, ennoble it with the virtue of portraiture, and make that the present."

Godfrey Reggio, *Essence of Life*, 2002[336]

André Böhm hat bereits die Rezeptions- sowie die Genregeschichte der Qatsi-Trilogie herausgearbeitet.[337] Wie schwer es fällt, diese Filme in ein treffendes Genre einzuordnen, hat auch er feststellen müssen. Die Genrezuweisungen, die er fand, waren zum Teil sehr widersprüchlich. „Mit 'Koyaanisqatsi' sind viele Kritiker gekommen, die mit Worten den Film subjektiv kleideten"[338], sagt Böhm und schreibt diese Wahrnehmung der Neuartigkeit des Films sowie der Zeit selbst zu. Für mich stehen diese Äußerungen deutlich im Zusammenhang mit der Postmoderne, die 1982 ein noch sehr junges Phänomen war.[339] Die Zeit davor scheint mir noch stark dem Glauben an eine echte Objektivität verhaftet zu sein, während die Postmoderne den Verdacht in die Welt trug, dass es diese gar nicht geben könne, da alles kulturelle Schaffen menschgemacht ist und demnach zumindest subjektive Züge enthalten muss. Ebenfalls aus jener pre-postmodernen Epoche scheint mir die Kategorisierung in den Bereich des (immerhin experimentellen) Dokumentarfilms[340] zu stammen, von dem ebenfalls einst Objektivität erwartet wurde.

Der Regisseur selbst äußert sich dazu fundamental unkategorisch: „It is up to the viewer to take for herself what it is that means. So for some people it's an environmental film, for some it's an ode to technology. [...] It depends on who you ask. [...] It's more like taking a journey. It is the journey that is the objective, not the end place where we are going."[341] Somit scheinen jene, die *Koyaanisqatsi*

336 Zit. nach: *Essence of Life* (USA 2002).

337 Vgl. Böhm (2005), S. 39f, S. 64f, S. 86f, S. 104f.

338 Böhm (2005), S. 39.

339 Ein häufig genannter Text, wenn es um die Hochzeit des postmodernen Diskurses geht, ist Jean-François Lyotards „Das postmoderne Wissen" von 1979 (Vgl. Lyotard, François: Das postmoderne Wissen (1979). Wien 2012.) Interessanterweise fällt dieses Jahr ziemlich genau in die Mitte der Entstehungsphase von *Koyaanisqatsi*, dessen Dreharbeiten bereits 1975 begannen (Vgl. *Essence of Life* (USA 2002)).

340 Vgl. Böhm (2005), S. 39.

341 Zit. nach: *Essence of Life* (USA 2002).

als „filmische Meditation“[342] bezeichnen, zumindest näher dran zu sein an dem, was der Macher ursprünglich intendierte.

Reggios Attitüde scheint mir zudem verwandt mit der Haltung, die UMBERTO ECO in „Das offene Kunstwerk“[343] an den Tag legt. In dem Buch beschäftigt sich der italienische Philosoph mit dem Problem der Interpretation von Literatur und Kunst und vertritt die These, „dass sich die Texte und die Lesenden gegenseitig hervorbringen.“[344] Das Offene eines Texts erläutert er mit seiner „Fähigkeit, auf verschiedene Arten verstanden zu werden und unterschiedliche und komplementäre Lösungen anzuregen“[345]. Das offene Kunstwerk ist laut Eco zudem „mit Leerstellen durchsetzt, die der Lesende aktualisieren [muss]. Die eingebauten Leerstellen fordern die Lesenden heraus, die Zwischenräume des offenen Kunstwerks sinnvoll zu ergänzen.“[346] Diese Haltung wäre sicherlich auch übertragbar auf die Genrezuweisung. Demnach entscheidet der Zuschauer, je nachdem, aus welcher „Richtung“ er den Film betrachtet, welches Genre das dieser Lesart adäquate ist.

Auch LESLIE FIEDLER, einer der Vordenker der Postmoderne, sollte hier erwähnt werden. In seinem Essay „Überquert die Grenze, schließt den Graben!“[347] geht er der Frage nach, ob „das Kunstwerk 'wirklich' existiert auf der Seite Papier[348] und nicht in der Aneignung und dem Verständnis des Lesers“[349]. Auch ich versuche nach dem Credo zu arbeiten, wonach „die Autorität des Kritikers[350] nicht auf seinen Forschungstechniken oder Textsammlungen basiert, sondern auf seiner Fähigkeit, Wörter, Rhythmen und Bilder zu finden, die seiner ekstatischen Vision der Stücke [...] angemessen sind“[351].

Diese Vordenker im Hinterkopf, möchte ich versuchen die Geschichte der Genrezuweisungen des Films *Koyaanisqatsi* fortzuschreiben. Zunächst arbeitet der Film, abgesehen von winzigen Sequenzen mit Originalton, mit keinen Mitteln, die nicht bereits der Stummfilm einsetzte, nämlich mit der Montage ver-

342 Böhm (2005), S. 39.

343 Umberto Eco: Das offene Kunstwerk. Frankfurt am Main 1973.

344 Zit. nach: Maier (2007), S. 113.

345 Eco (1973), S. 201.

346 Zit. nach: Maier (2007), S. 113.

347 Leslie Fiedler: *Überquert die Grenze, schließt den Graben!* (1972). In: Wittstock, Uwe (Hrsg.): Roman oder Leben – Postmoderne in der deutschen Literatur. Leipzig 1994.

348 Fiedlers Text ist literaturkritischer Natur und befasst sich nicht vordergründig mit dem Medium Film. Dieser Tatsache ist die Verwendung des Begriffs „auf der Seite Papier“ geschuldet. Jedoch bin ich mir sicher, dass Leslie Fiedler der Letzte wäre, der sich dagegen wehrte, seine Ausführungen diesbezüglich auf den Film zu übertragen.

349 Fiedler (1972), S. 16.

350 Ich nehme an, dass dies nicht nur für Kritiker im eigentlichen Sinne gilt, sondern auch auf die analytische Arbeit eines Studenten der Filmwissenschaft übertragbar ist.

351 Fiedler (1972), S. 17.

schiedener, aus einer gewissen Anzahl Einzelfotografien sich aufbauender Filmsequenzen, unterlegt mit Filmmusik. Insofern könnte er filmtechnisch gesprochen als eine Form des Stummfilms bezeichnet werden.[352]

Diese Nähe zu den Anfängen des Mediums Film brachte mich schließlich auf eine weitere Fährte, nämlich auf die Fährte des Mediums, aus dem der Film unter anderen entstand – die Fotografie. *Koyaanisqatsi* scheint mir nämlich in enger Verwandtschaft auch mit diesem zu stehen, genauer mit der Intention der Reportagefotografie. Diese besteht darin, in der Regel ohne Eingriff, das, was sie vorfindet, fotografisch festzuhalten, um es einem breiteren Publikum, in Zeitschriften oder in Ausstellungen, zu präsentieren. Der Reportagefotograf entscheidet also einerseits durch die Kadrage und andererseits durch die Auswahl der Fotografien, welche Geschichte er erzählen möchte. Dabei greift er aber im strengen Sinn des Mediums nicht in das Geschehen ein. In der Präsentation schließlich ergänzen etwaige Bildunterschriften die Bilder. Ganz ähnlich verhält es sich mit der Art und Weise, wie Reggio das Filmemachen betreibt. Vereinfacht ausgedrückt: Er sucht sich das Sujet aus, der Kameramann an seiner Seite ist der Kadreur, im Schnitt findet die Auswahl der Bilder statt. Über ergänzende oder gar kommentierende Bildunterschriften verfügt *Koyaanisqatsi*, abgesehen von den Hopi-Prophezeiungen, nicht. Diese Funktion wird jedoch gewissermaßen von der Montage und dem Einsatz der Musik übernommen.

Auch in seiner Unterscheidung vom konventionellen Dokumentarfilm weist *Koyaanisqatsi* eine Verbundenheit zur Reportagefotografie auf. Da der Film über nahezu keinen Inhalt verfügt, der nicht visueller Art ist, kann er nur funktionieren – das heißt das Publikum bei der Stange halten – indem die Bilder einen hohen formellen, also ästhetischen, Wert aufweisen. In gewisser Weise strebt natürlich jeder Kameramann nach kompositorischer Qualität. Ich bin allerdings überzeugt davon, dass es bei wenigen anderen Filmen derart essenziell für das Gelingen nötig war, eben weil die Bilder, neben der Musik, sein einziges Kapital darstellen. Zudem gibt es sicherlich im Bereich des Tonfilms zahlreiche Beispiele dafür, wie ein Inhalt auch ohne hohen Anspruch an die Ästhetik erfolgreich vermittelt wird. *Koyaanisqatsi* wäre, genau wie jede Reportagefotografie, ohne diesen Anspruch an die Komposition der Bilder, nahezu zwangsläufig bei Kritik und Publikum durchgefallen.

Eine weitere Überlegung bezüglich des Genres leitete sich aus Reggios Begreifen des Films als „a journey“, also einer Reise, ab und aus seiner Intention,

---

352 Man müsste womöglich noch zwischen Aufnahmetechnik und Kinoprojektion unterscheiden. Bezüglich ersterem gibt es eine Übereinstimmung: Nur die Bildspur wird aufgenommen. Doch für die Projektion von *Koyaanisqatsi* wurde das Bild mit der Musik auf der Vorführkopie synchronisiert. Beim Stummfilm hingegen wurde die Musik entweder live dargeboten oder über ein Grammophon hinzugeschaltet. (Vgl. Schweinitz (2002).)

wie in seiner Rede am Eingang dieses Kapitels erwähnt, den Hintergrund zum Vordergrund zu machen. Dabei erinnerte ich mich der Protagonisten, die ich in Kapitel IV.1.1. bereits in Ansätzen glaubte identifiziert zu haben: die Autos, die Flugzeuge, die Geräte, die (amerikanische) Landschaft und die Dekadenz der Großstadt. Dies wiederum ließ die Frage aufkommen, ob man anhand dieser Protagonisten womöglich Rückschlüsse auf das Genre ziehen konnte, ferner, ob es bestehende Genres gibt, deren Filme mit denselben Typen von Protagonisten arbeiten. Und, tatsächlich, die gibt es, und vor allem auch aus der gleichen Zeit. Oder ist nicht das Auto ein wichtiger Protagonist im Roadmovie oder im Horrorfilm (*Vanishing Point* (USA 1971), *Two Lane Blacktop* (USA 1971), *Duel* (USA 1971), *The Car* (USA 1977), *Christine* (USA 1983)), das Flugzeug im Katastrophenfilm (die *Airport*-Reihe (USA 1970-1979), die Maschine im Science-Fiction-Film (*Blade Runner* (USA 1982), *Videodrome* (USA 1983), *Brainstorm* (USA 1983), *Terminator* (USA 1984)), die amerikanische Landschaft im Western (man denke an das Monument Valley des John Ford) und der Verfall der amerikanischen Großstadt im Neo Noir (San Francisco in *Dirty Harry* (USA 1971), New York in *Taxi Driver* (USA 1976), Los Angeles in *Body Double* (1984) und in *To Live and Die in L.A.* (USA 1985))? Und sind diese Genres, allen voran der Western, gefolgt vom Neo Noir und dem Roadmovie, nicht großenteils amerikanischen Gepräges? Unter Vernachlässigung der Fiktionalität könnte man also *Koyaanisqatsi* als Mixtur aus abstraktem Western, abstraktem Großstadtfilm, abstraktem Neo Noir und so fort bezeichnen, womit auch auf der Metaebene ein weiteres Indiz gefunden wäre, das die These der vorliegenden Arbeit bestätigt.

VI. CONCLUSIO: PHILOPHISCHER ESSAY ODER „GREAT AMERICAN NOVEL"?

„Das Spektakel kann nicht als Übertreibung einer Welt des Schauens, als Produkt der Techniken der Massenverbreitung von Bildern begriffen werden. Es ist vielmehr eine tatsächlich gewordene, ins Materielle übertragene Weltanschauung. Es ist eine Anschauung der Welt, die sich vergegenständlicht hat."

Guy Debord, *Die Gesellschaft des Spektakels*, 1967[353]

„In the image in that people were seen taking the wieners out of that big squirting machine where they come out, the same stuff that makes baloney fundamentally makes hot dogs. They change the formula a bit. And the same with the ladies with the Twinkies. I mean, hot dogs and Twinkies are Americana, and so I felt that they would certainly fit in there."

Godfrey Reggio, *Essence of Life*, 2002[354]

„The world has a lot of ways of appearing to us. The way we see it is a cultural thing, is a conditioned thing."

Philip Glass, *Essence of Life*, 2002[355]

Wenn das einzige, was ich von der vorliegenden Arbeit behaupten möchte, ist, der Antwort auf die eingangs gestellte Frage ein Stückchen näher gekommen zu sein, dann meine ich, dies erreicht zu haben.

Wie wir gesehen haben, war Godfrey Reggios Nennung der Inspiratoren Ivan Illich, Leopold Kohr, Jacques Ellul und Guy Debord keine leere Phrase. Ausgewählte Beispiele haben aufgezeigt, dass nicht nur deren geistige Prägung mit der Godfrey Reggios sehr eng verwandt ist, sondern dass dieser für zahlreiche ihrer Überlegungen in *Koyaanisqatsi* eine adäquate Bebilderung gefunden hat. Seien es Elluls Betrachtungen zur Religion im industriellen Zeitalter, deren Nähe beispielsweise zu den Ausführungen ERICH FROMMS durch ausschlaggebende Zitate aufgezeigt wurde, oder Illichs Polemiken zum wachsenden Verkehrsproblem, dem Joan Didions entsprechender Essay gegenübergestellt wurde, oder sei es Kohrs Würdigung der Slums zugunsten einer entfremdenden Mietskasernen-

353 Debord (1967), S. 14.

354 Zit. nach: *Essence of Life* (USA 2002).

355 Zit. nach: ebd.

architektur, für die kaum ein Ort mehr steht als St. Louis, Missouri – immer haben die vornehmlich europäisch geprägten Texte eine amerikanische Entsprechung in Form von Bildern im Film. Zudem ist alles eingebettet in die allgegenwärtige Struktur, die eine gewisse Richtung für den Lauf der Dinge vorzugeben scheint – das Spektakel. Debords Worte zu interpretieren, ist, wie ich finde nicht nötig, die Verbindungen, die sie mit den von ihnen flankierten Facetten des Films eingehen, machen mehr als deutlich, dass man diese (amerikanische) Gesellschaft durchaus als jene Gesellschaft des Spektakels betrachten kann, aber natürlich nicht muss.

Insofern ergänzen sich die europäischen Texte mit den amerikanischen Bildern tatsächlich zu einem Konglomerat, das diese Hemisphäre der westlichen Industrienationen zu einem großen Teil abdeckt.

Gleichzeitig, so bin ich mir sicher, hätte man zahllose der Aufnahmen, wenn vielleicht auch nicht in diesem Umfang und in dieser Gigantomanie, auch in anderen Industrienationen machen können, soll heißen, Reggio hätte beispielsweise auch in Deutschland eine den Texten entsprechende Bebilderung finden können. Aber Reggio ist eben Amerikaner, und was lag für ihn näher als den Film an dem Ort zu drehen, den er kennt. Was ich sagen will, ist folgendes: Dass er vieles von dem, um was es ihm geht, auf die nördliche Hemisphäre ausdehnt, obwohl die Bilder ausschließlich aus den USA stammen, halte ich für durchaus berechtigt. Dennoch dringt zwischen den Zeilen, unvermeidlich[356], etwas anderes durch, das er womöglich gar nicht im Fokus hatte, weil er viel zu nah dran war. Dieses andere ist das Amerikanische in *Koyaanisqatsi.*

Und auch für dieses originär Amerikanische enthält der Film zahlreiche Beispiele, die diese Arbeit in Ansätzen aufgezeigt hat. Zu den prominentesten gehört sicherlich der Wolkenkratzer, dem sich anzunähern mithilfe von Georgia O'Keeffes Gemälden versucht wurde, sowie die einzigartige Bedeutung des Automobils für den Amerikaner, die zu verstehen uns wiederum Joan Didion geholfen hat. Die Atombombe, der amerikanische Militarismus, der nach dem Zweiten Weltkrieg beispiellos ist, sowie der Rasterstraßenbau, der zwar nicht amerikanischen Ursprungs ist, dort aber in besonders exzessivem Maße vollzogen wird, sind weitere Beispiele, die dem Film eine amerikanische Konnotation zuordnen. Ein Letztes, das hier noch einmal genannt wird, soll gleichzeitig

356 Wenn Baudrillard recht hat mit seiner eingangs dieser Arbeit zitierten Behauptung, wonach Amerika ein gigantisches Hologramm ist, bei dem das Ganze in jedem noch so kleinen Teilstück bereits enthalten ist, hat folglich ein Filmemacher, der in den USA dreht, keine andere Wahl, als auch einen Film über die USA zu machen, da er unweigerlich zumindest eines dieser kleinsten Teilstücke vor der Linse haben wird – daher unvermeidlich.

den Bogen zu einer weiteren Betrachtung schlagen. Leo Marx' „Machine in the Garden", ein Motiv, das, wie er gezeigt hat, fest im amerikanischen Denken und in der amerikanischen Literatur verankert ist, findet sich auch in *Koyaanisqatsi* wieder.

Es ist dieser Bezug zur amerikanischen Literatur, der eine Überlegung fördert, die ich bereits unter IV.4.1. angeschlagen habe. Dort findet man eine ganze Reihe „großer" Werke aus der amerikanischen Literatur, die, wie ich später feststellte, nahezu sämtlich als Kandidaten dessen gehandelt werden, was im amerikanischen Literaturdiskurs „Great American Novel" genannt wird.[357] Dieser „große amerikanische Roman" bezeichnet das Ideal eines amerikanischen Romanwerks, welches das Wesen der USA zur Zeit seiner Entstehung abbilden soll. Womöglich geht die Übertragung dieses Konzepts auf *Koyaanisqatsi* ein wenig zu weit, aber warum diesem Gedankenspiel nicht eine Handvoll Zeilen widmen? Nicht nur diesbezüglich ist es vielleicht der rechte Moment, um einen Blick auf die Vereinigten Staaten in den späten siebziger und frühen achtziger Jahren zu werfen.

HOWARD ZINNS *A People's History of the United States*[358] bietet hierfür einen hinreichenden Überblick. Die Situation Mitte der Siebziger beschreibt WILLIAM SIMON, Secretary of the Treasury unter RICHARD NIXON und GERALD FORD so: „Vietnam, Watergate, student unrest, shifting moral codes, the worst recession in a generation, and a number of other jarring cultural shocks have all combined to create a new climate of questions and doubt. [...] It all adds up to a general malaise, a society-wide crisis of institutional confidence."[359] Zinn führt weiter aus:

> „The resignation of Nixon, the succession of Ford, the exposure of bad deeds by the FBI and CIA – all aimed to regain the badly damaged confidence of the American people. However, even with these strenuous efforts, there were still many signs in the American public of suspicion, even hostility, to the leaders of government, military, big business."[360]

1976 wird JIMMY CARTER zum Präsidenten gewählt. Im selben Jahr feierten die Amerikaner das zweihundertjährige Bestehen ihres Landes. „But there did not seem to be great enthusiasm for it", schreibt Zinn:

357 Hierbei muss man selbstverständlich für einen Moment lang außer Acht lassen, dass es sich bei *Koyaanisqatsi* um kein Werk der Literatur handelt, sondern um einen Film. Nicht nur diese beiden Medien wurden jedoch über die gesamte Arbeit hinweg gleichwertig als Text betrachtet.

358 Howard Zinn: *A People's History of the United States* (2010).

359 Zit. nach: Zinn (2010).

360 Zinn (2010).

„When the 200th anniversary of the Boston Tea Party was celebrated in Boston, an enormous crowd turned out, not for the official celebration, but for the 'People's Bi-Centennial' counter celebration, where packages marked "Gulf Oil" and "Exxon" were dumped into the Boston Harbor, to symbolize opposition to corporate power in America.“[361]

Und unter Carter ändert sich ebenfalls nicht viel:

„The presidency of Jimmy Carter, covering the years 1977 to 1980, seemed an attempt [...] to recapture a disillusioned citizenry. But Carter, despite a few gestures toward black people and the poor [...] remained within the historic political boundaries of the American system, protecting corporate wealth and power, maintaining a huge military machine that drained the national wealth, allying the United States with right-wing tyrannies abroad.“[362]

Auch die folgende Präsidentschaft scheint eher noch weniger im Zeichen des „all men are created equal“ zu stehen: „Reagan's [...] policies would be more crass – cutting benefits to poor people, lowering taxes for the wealthy, increasing the military budget, filling the federal court system with conservative judges, actively working to destroy revolutionary movements in the Caribbean.“[363] Und was bereits unter Carter begann, wurde von Reagan fortgeführt: die Deregulierung der Märkte.[364]

All das ist meines Erachtens auch in *Koyaanisqatsi* zu finden, der Film lässt sich durchaus als Abbild seiner Zeit lesen: der militärische Apparat (Vgl. IV.5.5.), dessen Gerätschaften nebeneinander aufgereiht sind und bis zum Horizont reichen, die in Höchstgeschwindigkeit florierenden Innenstädte als Symbole für das Corporate Amerika (Vgl. IV.8.4), die ebenso symbolträchtige New Yorker Wall Street, die in verschiedenen Sequenzen sowohl von außen als auch von innen gezeigt wird, die in ein Schattendasein gezwungenen Armen in den Randbereichen der Metropolen (Vgl. IV.6.1.), die Desillusionierung in den Gesichtern fast aller individuell porträtierten Menschen über den gesamten Film hinweg, um nur ein paar Beispiele zu nennen. Wichtige Fragen der Zeit an einem be-stimmten Ort werden also „behandelt“, oder zumindest aufgezeigt, wie ich meine.

Ein weiteres, gerade die späten Siebziger dominierendes Thema, verhält sich zu dem Film in ähnlicher Manier wie dies Guy Debords Text tut: die zwischen den Zeilen mitschwingende Paranoia. Besonders der amerikanische Film dieser

---

361 Zinn (2010).

362 Ebd.

363 Ebd.

364 Vgl. Zinn (2010).

Ära scheint stark geprägt zu sein von diesem Zwang nach Verschwörungstheorien. Filme wie SYDNEY POLLACKS *Three Days of the Condor* (USA 1976), FRANCIS FORD COPPOLAS *The Conversation* (USA 1975), PHILIP KAUFMANS *Invasion of the Body Snatchers* (USA 1978) und allen voran die Filme ALAN J. PAKULAS, *Klute* (USA 1971), *The Parallax View* (USA 1975) und *All the President's Men* (USA 1976) sind Ausdruck einer sehr verunsicherten, und allem Institutionellen und Kooperativen misstrauenden amerikanischen Bevölkerung.

PAUL COBLE beschäftigt sich in seinem Essay *„Justifiable Paranoia": The Politics of Conspiracy in 1970s American Film*[365] mit den Mechanismen der Paranoia in Film und Gesellschaft. Dort heißt es:

> „The specific points of emphasis for paranoia in the period which must be taken into account in the era under review involve the assassinations of the 60s, the invasion of privacy entailed by the growth of surveillance and the general undermining of individual freedom by agents of corporatism."[366]

Bezogen auf die siebziger Jahre nach Nixon und Watergate, ist er der Meinung, dass das Misstrauen gegenüber autoritären Strukturen im Vergleich mit anderen Perioden wahrscheinlich besonders angebracht war, und nicht ohne Berechtigung.[367] Was diese Texte von früheren Paranoia-Texten unterscheidet, ist die Tatsache, „that there is a *corporate, establishment* conspiracy"[368], die ein genau zu benennendes Vorbild aus der Geschichte hat. Paranoia ist für ihn historisch spezifisch.[369] *Koyaanisqatsi* ist einerseits, wie aufgezeigt, ein Kind seiner Zeit. Die Paranoia, die hier mitschwingt, hat zwar ebenfalls mit dem Establishment oder den Konzernen zu tun. Von einer Verschwörung kann hier aber nicht die Rede sein, denn nahezu alle Menschen in *Koyaanisqatsi* , sowohl die Angehörigen des Establishments als auch der „normale" Amerikaner, werden vielmehr als Marionetten gezeigt – ihre Aktionen sind vom Lauf der Geschichte gesteuert, die nicht dem Willen einer Handvoll Verschwörer folgt, sondern systemisch agiert. Alle, inklusive der Konzerne und der sich Master of the Universe nennenden Wall Street Banker, sind lediglich ihre ihnen von der Geschichte zugeordneten Aufgaben ausführende Funktionsträger. Die Paranoia, die hier entsteht, erwächst aus einem anderen Ursprung als der Angst vor Autoritäten – selbst die Mitglieder der scheinbar mächtigen Schichten werden sich selbst vorgeführt, als wären sie fremdgesteuert. Genauso verhält es sich mit allem anderen, das der

---

365 Paul Coble: *„Justifiable Paranoia": The Politics of Conspiracy in 1970s American Film.* In: Xavier Mendik (Ed.): Shocking Cinema of the Seventies. Riverside 2002.

366 Coble (2002), S. 74-75.

367 Vgl. Coble (2002), S. 86.

368 Coble (2002), S. 85.

369 Vgl. Coble (2002), S. 85.

Film zeigt, wovon nichts wirklich exotisch, sondern das durchweg alltäglich ist, das aber in gänzlich neuem Gewand daherkommt. Die Mechanismen, nach denen die Menschen in *Koyaanisqatsi* sich bewegen, müssen doch bei jedem Zuschauer Zweifel aufkommen lassen an dem, was die meisten für gewöhnlich als ihr Entscheidungsfindungszentrum betrachten – dem freien Willen. Coble schreibt: „Common to all paranoid texts of the period is a concern with the deceptiveness of appearances, the way that the familiar becomes threatening."[370] Es ist meines Erachtens genau dieses bekannte Alltägliche, von dem wir glauben, es zu kontrollieren, das *Koyaanisqatsi* als etwas entlarvt, das vielmehr uns zu lenken scheint, als dass wir es lenken könnten. Die Paranoia bleibt also unkonkret, sie wird im Film nicht als Motiv der Zeit thematisiert. Stattdessen ist es die Sichtung des Films selbst, die eine Form der Paranoia hervorruft. In das Genre des Paranoia-Thrillers passt er aber sicherlich nicht.

Vielleicht das Motiv schlechthin in der amerikanischen Kultur, der American Dream, darf natürlich nicht unerwähnt bleiben. Als die Goldene Ära der Nachkriegszeit spätestens mit dem Desaster Vietnamkrieg an ein Ende gelangte, ging auch der American Dream gewissermaßen verloren. 1972 nennt HUNTER S. THOMPSON den autobiographischen Roman *Fear and Loathing in Las Vegas* im Untertitel *A Savage Journey to the Heart of the American Dream.*[371] Was er statt den „inalienable rights" und „life, liberty and the pursuit of happiness" findet, ist erstens hinlänglich bekannt und zweitens nur schwer in Worte zu fassen. Man stelle sich vor, auch Reggio und und sein Kameramann RON FRICKE hätten sich mit der Kamera auf die Suche begeben. Dann wäre *Koyaanisqatsi* auch ein Zeugnis dessen, was sie vorgefunden haben. Zu beurteilen, ob das, was die Bilder wiedergeben, noch konform ist mit den Idealen dieses großen amerikanischen Leitbilds, bleibt letztlich jedem selbst überlassen. Für mich bieten die Gesichter, denen diese „inalienable rights" zugestanden werden, vielmehr „alienated sights", mit dem „life" scheint zu großen Teilen das der Maschinen gemeint zu sein und die von dem allgemeinen Streben nach Glück generierte Energie, die jeden Einzelnen innerhalb der Massen anzutreiben scheint – fließt sie nicht vor allem in den Rachen der Apparate und der industriellen Abläufe? Und mit der Freiheit steht es womöglich ähnlich wie mit dem weiter oben genannten freien Willen.

Der Film ist also gewissermaßen beides – philosophischer Essay, weil er Themen behandelt, die das heutige/damalige Menschsein (des Bürgers der westlichen Industrienationen) im Allgemeinen betreffen, und „Great American Novel" im Konkreten, weil seine Bilder aus nahezu allen Facetten des amerikanischen

370 Coble (2002), S. 75.

371 Hunter S. Thompson: *Fear and Loathing in Las Vegas.* New York 1971.

Lebens stammen. Und es sind nicht nur einzelne Bilder oder gar Sequenzen – sogar in der Struktur des Films lässt sich etwas Amerikanisches entdecken. Zwar wird diese Reihenfolge immer wieder durcheinandergewirbelt, aber dennoch lässt sich feststellen, dass die Chronologie des Films eine gewisse Westwärtswanderung durchläuft: Sieht man einmal von der Vessels-Sequenz ab, die ja, wie der Name sagt, vor allem von den Gefäßen, also von den Autos und Flugzeugen etc. handelt, werden die nach der ersten halben Stunde gezeigten Stadtaufnahmen von New York zuerst von Aufnahmen aus St. Louis und diese wiederum, fast am Ende des Films, vom Hubschrauberflug über Los Angeles „abgelöst".

Ferner hat die Arbeit gezeigt, dass *Koyaanisqatsi* bei aller Experimentierfreudigkeit keine filmische Singularität darstellt, sondern dass auch dieses Werk sich einreihen lässt. Einerseits kann man Godfrey Reggios Erstlingswerk als Fundament in seinem Oeuvre betrachten, auf dem alle seine weiteren Filme direkt aufbauen. Meines Erachtens ist diese Homogenität zumindest in diesem Ausmaß eine echte Seltenheit. Andererseits wurde deutlich, dass auch dieser, wenngleich sehr innovative Film sich in einem filmhistorischen Kontext betrachten lässt. An den Beispielen von Werner Herzogs *Fata Morgana* und Hilary Harris' *Organism* wurde beleuchtet, dass diverse formelle, aber auch inhaltliche Aspekte von *Koyaanisqatsi* keine echten Innovationen waren, sondern auch schon vorher gedacht und umgesetzt wurden. Dennoch bin ich der Meinung, dass die Professionalität sowie die Akribie in der Umsetzung des Films in diesem Bereich bis dahin unerreicht waren. Allein auf ästhetischer Ebene bilden Ron Frickes Bilder, dessen Aufnahmen nahezu durchweg formvollendete Kompositionen sind, zusammen mit Philip Glass' Soundtrack eine Einheitlichkeit, mit denen diese beiden Vorgänger, ob nun beabsichtigt oder nicht, nicht mithalten können.[372]

Was an dieser Stelle zumindest noch genannt werden soll, sind Ron Frickes Hauptwerke, die nach seiner Kameraarbeit bei *Koyaanisqatsi* entstanden sind. Sie sollen als Beispiele dafür dienen, dass auch nach diesem die Tradition dieser Art von Experimentalfilm auf anderen Wegen fortgeführt wurde. Seinen ersten eigenen Film machte Fricke mit *Chronos* (USA 1985). Ihm folgten *Baraka* (USA 1992) und *Samsara* (USA 2011). Dass bei Fricke mehr und mehr die Bildqualität – auch zugunsten einer Vernachlässigung des inhaltlichen Backgrounds – in den Vordergrund tritt, lässt sich schon an der Tatsache ablesen, dass seine Innovation vor allem darin bestand, das ursprüngliche 35mm-Format durch das viel

---

372 Die beiden Filme dienen natürlich lediglich als Beispiele, eines davon ein Amerikanisches, das andere ein Nicht-Amerikanisches. Weitere Vorgänger von *Koyaanisqatsi* hat beispielsweise André Böhm genannt, darunter Walter Ruttmanns *Berlin – Symphonie einer Großstadt* (D 1927) oder Marie Menkens *Go Go Go* (USA 1964) (Vgl. Böhm (2005), S. 37).

aufwendigere 70mm-Filmmaterial zu ersetzen. Hier liegt der Schwerpunkt auf der visuellen Ästhetik – der vielleicht auch der ebenbürtige musikalische Partner fehlt – und die gesellschaftskritische Dimension wird nur noch oberflächlich(er) sichtbar.

Für André Böhm

> „stellt sich die Frage nach der Aufgabe des Films [Koyaanisqatsi] in der Gesellschaft. Wenn es nur die unterhaltende Darstellung eines Konfliktes ist, der nicht gelöst werden kann, mag es für viele interessant sein, aber ist es sinnvoll? Dem Zuschauer wird psychologisch ein Problem aufgezeigt, das scheinbar unlösbar ist. Vielleicht ist es unlösbar, und doch hätten sich viele statt dem offenen und doch apokalyptischen Ende lieber ein Hollywood 'Happy End' vorgestellt."[373]

Der hier durchschimmernden Haltung kann ich mich nicht anschließen. Gibt es per se sinnvolle Kunst? Muss Kunst Lösungsvorschläge anbieten oder ist das nicht die Aufgabe dessen, der sie rezipiert? Meines Erachtens dient die Kunst vor allem einem Zweck: Sie schärft die Sinne ihres Betrachters, lässt ihn die Dinge in neuem Licht sehen und führt ihn über eine dadurch inspirierte neuerliche Selbstreflexion und einem erneuten sich-in-Bezug-zur-Welt-Setzen zu einem besseren Verständnis dieser. Die Kunst zeigt nur auf, handeln muss man selbst. Und genau dies tut *Koyaanisqatsi*. Er zeigt mehr als er kritisiert, und das, was er zeigt, hat man in dieser Form noch nicht gesehen. Am Ende steht für mich bestenfalls eine wichtige Erkenntnis, nämlich, dass alles miteinander zusammenhängt. Und Günther Anders, der 1979 „das 'Mysterium' von heute in den Kolossalgeräten und Gerätkomplexen" sieht, die nur „scheinbar sichtbar sind, in Wahrheit aber unsichtbar bleiben", und der ferner in dem „Versuch, ihren Sinn vermittels unserer Sinne wahrzunehmen, [...] ein völlig unsinniges Unterfangen"[374] sieht, hat *Koyaanisqatsi*, der, wie aufgezeigt wurde, über nicht wenige Parallelen zu dessen Werk verfügt, bereits drei Jahre später zumindest in dieser Sache einiges entgegenzusetzen.

Man kann der vorliegenden Arbeit vorwerfen, dass die ausgewählten Beispiele beliebig seien. Und in der Tat habe ich die wenigsten verwendeten Texte aktiv gesucht. Vielmehr habe ich entweder jene zurate gezogen, die ich bereits kannte, oder die Texte haben mich gefunden. Die Idee der Vollständigkeit hat mit einer Überzeugung zu tun, mit einem pre-postmodernen Glauben, den ich nicht teilen

---

373 Böhm (2005), S. 42.

374 Anders (1980), S. 36.

kann. Immerzu muss man auswählen, und je mehr man kennt, umso geringer ist der Anteil, den man herauspicken kann. Und wie Jean Baudrillard zeigt, ist geradezu unvermeidlich, dass, wenn man sich mit Amerika beschäftigt, die richtigen Texte einem sozusagen automatisch zufliegen.[375]

Am Ende bleiben natürlich noch zahllose offene Fragen, die sich mir während der Recherche gestellt haben, Fragen, die in zukünftigen Untersuchungen über dieses ein hohes Maß an Zeitlosigkeit aufweisende Werk noch erläutert werden könnten. Interessant wäre zum Beispiel, genauer zu beleuchten, inwiefern sich in *Koyaanisqatsi*, während dessen Entstehungszeit sich durch die sich popularisierende Postmoderne-Debatte vieles änderte im geisteswissenschaftlichen Diskurs, diese Veränderung niederschlägt. Was sind die modernen Elemente des Films und an welchen Stellen ist er vielleicht bereits der Postmoderne zugehörig?

Eine weitere Fragestellung könnte mit der auch in der Kriegsfotografie geführten Diskussion um die Ästhetisierung des Elends zu tun haben. Verleihen die Aufnahmen der Slumbewohner oder der offenbar verlebten Bewohner der Großstadt diesen eine besondere Würde oder hat ihre Präsentation vielleicht eher voyeuristische Züge? Und was sagt es über unsere Kultur aus, dass wir das Elend ästhetisieren können? Ist dies eine Form des Optimismus oder vielmehr eine Ausformung des Zynismus? Inwiefern wären also beispielsweise SUSAN SONTAGS Überlegungen aus ihrem Buch *Das Leiden anderer betrachten*[376] auch auf Koyaanisqatsi übertragbar?

Die Verlinkungen zwischen den einzelnen Themengebieten sind natürlich nahezu unendlich. Und wenn man sich mit diesen Themen auseinandersetzt, trifft man scheinbar überall sowohl auf vorherige wieder als auch auf weitere. So sieht man beispielsweise im deutschen Privatfernsehen eine banale Dokumentation über die Popmusik der achtziger Jahre und wird auf den Zusammenhang zwischen der Angst vor der Bombe und gutem Konsumklima aufmerksam gemacht. Und dann fragt man sich, ob dieser sich womöglich in der Montage von *Koyaanisqatsi* wiederfindet, bevor man sich eingesteht, dass dies einen Schritt zu weit in die falsche Richtung gehen würde.

Schließlich tauchen selbstverständlich auch Fragen metaphysischer Natur auf, die man ja bekanntlich vor allem stellen kann, auf die es aber ihrem Wesen nach keine genauen Antworten gibt, Fragen wie, ob nicht *Koyaanisqatsi* vielleicht Teil eines erwachenden Bewusstseins des globalen Organismus' ist, der diesem im Kampf gegen das Individuum bereits in die Karten spielt, indem er kaum ein Gesicht mehr erkennen lässt.

375 Vgl. Zweite Eingangsfußnote sowie Fußnote 356.

376 Susan Sontag: *Das Leiden anderer betrachten.* Frankfurt am Main 2005.

Was ich außerdem in keiner Kritik finden konnte, ist der wie ich finde berechtigte Vorwurf an den Film, dass die Darstellung der Menschenströme ganz im Sinne der ornamentalen Masse, leicht vergessen macht, dass es sich dabei überhaupt um Menschen handelt. Lädt dies nicht gerade dazu ein, das Individuum zu negieren?

Kurz vor dem Ende möchte ich noch eine Erklärung für den Titel abgeben, „Our Shining Beast". Dieses Zitat Godfrey Reggios[377] schien mir besonders passend, illustriert doch nicht nur das Possessivpronomen Reggios unbewussten „Fehler", wenn er dieses „our" auf die nördliche Hemisphäre bezieht, es aber genauso gut sein Amerika meinen kann. Auch das widersprüchliche Wortpaar „shining beast" veranschaulicht meines Erachtens adäquat die Vieldeutigkeit seines Films, die ästhetische Schönheit des Erschreckenden, die Offenheit des Kunstwerks sowie des Künstlers. Diesem soll auch das vorletzte Wort gebühren, auf dass er sich gegen den wohl häufigsten Kritikpunkt noch einmal zur Wehr setzen kann und die Gelegenheit bekommt, zu erklären, wovon seine Filme seines Erachtens handeln:

> „Using a hi-tech base to do this is the only way to do it. […] It has to go into a theatre. Whether it's analogue or digital, it's all very high-technology. So I don't feel it's contradictory or hypocritical to use the very medium that you're questioning. In fact I think it's appropriate, because I'm not exempting myself from this criticism. This is something involved with all of us that we're only beginning to see. So I use this medium because it is the medium that can reveal the subject most clearly. In a way, if you wanna use a metaphor, it's like using fire on fire. It's like walking a razor's edge. It's this and that, rather than joining the purity league of 'It must be this way.' and 'If it's not, you're bad, you're the devil.' This Manichaean stuff about 'enemies all over the world' and 'We're the good'. Life is not that way. Life is more complex. It's a mixture of all of this and that. The utopia of the technological order is virtual immortality, hitherto only ascribed to the gods, to the divinity. Now we have a new pantheon. The computer sits in the middle of it. The computer, not being a sign, is the most powerful instrument in the world in that it produces what it signifies, it produces this globalisation. In that sense, it is the highest magic in the world, and something that we're all in adoration of. And that's what these films are about."[378]

---

377 Zit. nach: *Essence of Life* (USA 2002).

378 Zit. nach: *Impact of Progress* (USA 2002).

Das letzte Wort gehört David Monongye, der nicht vergessen wurde, dessen Schaffen in den Filmbildern vielleicht gar nicht zu finden ist, und dessen Rede hier, genau wie die Prophezeiungen nach der letzten Einstellung in *Koyaanisqatsi*, ans Ende gehört, als letzter Teil der Arbeit und zugleich erster des Anhangs: [379]

„A Hopi Prayer for Peace
At this time, when the delegates of the United Nations are devoting a moment of silent prayer for the success of their efforts and for the well-being of their brothers and sisters everywhere, we, the traditional Elders of the Hopi Independent Nation, are joining you to humbly request the Creator's assistance. We pray that our united effort will bear fruit for the benefit of all land and life, which increasingly are threatened by total destruction. May we be granted the wisdom to return to the divine laws and instructions revealed long ago, when the Creator, through his love, gave us the gift of life. This gift was meant equally for all, with no room for the injustice, hatred, and greed today poisoning our world. Let us rid ourselves of this terrible curse of personal gain at the expense of others, for if we do not cleanse ourselves, a higher power will soon perform for us the work of purification.
We have passed through many ages, sometimes becoming lost on the wrong path. The uncountable millions brutally destroyed in the wars of this century clearly indicate we have lost our way. Something is deeply wrong with our present way of life. Therefore, now is the time when world leaders must exemplify the harmonious, harmless way of life intended by the Creator. Long ago, Hopi prophecy foretold there would one day stand on the eastern edge of our land a House of Mica (the United Nations), where world leaders would come to discuss their problems. In accordance with our prophetic instructions, we have made four attempts in the last thirty years to address the House of Mica, but the doors were not opened to our spiritual leaders. If the doors were opened, we were instructed to reveal some of our ancient knowledge, imparted to our ancestors by the Great Spirit. The prophecy said at least one or two leaders in the House of Mica would recognize the signifycance [sic] of the Hopi spiritual way, and would respond by coming to visit us in our homeland.
We recognize a fulfillment of this ancient prophecy in the recent visit of the Associate Secretary-General of the Economic and Social Council (Robert Muller). We wish to express to him our sincere appreciation, and we hope

379 Der von David Monongye und neun weiteren Ältesten der Hopi unterzeichnete Text gibt die unter III.3. erwähnte Rede vor der Generalversammlung der Vereinten Nationen in getreuem Wortlaut wieder, zu der es, wie ebenfalls bereits erwähnt, niemals kam. (Vgl. The Tracker Magazine – Vol. 2, No. 1, Winter 1983).

that others will follow his courageous lead by coming for further discussions on how to dispel the mortal peril endangering our world. Now is the most critical period in humanity's existence since the destruction [sic] peaceful and harmonious world. On the other hand, destruction of the traditional Hopi way, of the sacred land entrusted to us by the Great Spirit, will in turn trigger the destruction of the world. We recognize that there are many peoples represented in the United Nations, each endowed with their own unique culture and tradition, but the original instructions of the Creator are Universal and valid for all time. The essence of these instructions is compassion for all life and love for all creation. We must realize that we do not live in a world of dead matter, but in a universe of living spirit. Let us open our eyes to the sacredness of Mother Earth, or our eyes will be opened for us.

Hopi prophecy foresaw World War I and II. It now warns of a third world war fought with 'the gourd full of ashes', the ancient prophecy's expression for the atomic and hydrogen bomb. This last, most terrible war will soon occur if the arms race continues. Every nation on earth must ask itself whether it is contributing to the imminent destruction of humanity, either through indifference or through misguided nationalism. Let us not tempt the Creator to punish us with the very weapons we have so perversely invented. The time is now short, the hour is very late. Let us draw back from that which need not be. Let us awaken, brothers and sisters, for we are on the edge of an abyss of death, death on a scale the human mind cannot imagine.

Our prophetic instructions directed us, if at all possible, to personally address the nations represented in the House of Mica. If the delegates of the General Assembly so desire, Hopi spiritual leaders will come to the United Nations to speak of our prophecies and divinely revealed way of life. In return, we invite the U.N. leaders to visit us in the land entrusted to us by the Great Spirit. Because He revealed this land to be a spiritual center, we must all share responsibility for preserving it as a sanctuary for all life.

We await your response. We close our letter with blessings and hope for the future. Let us begin to heal ourselves and our Mother Earth."

Das allerletzte Wort lasse ich mir natürlich nicht nehmen. Denn es ist mir ein Anliegen, abschließend noch festzustellen, dass nicht nur die vorliegende Arbeit, sondern erst Recht der Film selbst – das muss Godfrey Reggio genau wie ich selbst gezwungenermaßen in Kauf genommen haben – nicht mehr sein kann als eine weitere, aber immerhin mit Bewusstsein ausgestattete, Blutzelle im großen Kreislauf des weltumspannenden Spektakels.

Literaturverzeichnis

Anders, Günther: Die Antiquiertheit des Menschen 1 – Über die Seele im Zeitalter der zweiten industriellen Revolution. München 1956.

Anders, Günther: Die Antiquiertheit des Menschen 2 – Über die Zerstörung des Lebens im Zeitalter der dritten industriellen Revolution. München 1980.

Ballard, James Graham: High-Rise. London 1975.

Barthes, Roland: Die helle Kammer – Bemerkungen zur Photographie (1980). Frankfurt am Main 1989.

Barthes, Roland: Die strukturalistische Tätigkeit. In: Kursbuch 5, 1966.

Baudrillard, Jean: Amerika. Berlin 2004.

Bellow, Saul: Mr. Sammler's Planet. New York 1969.

Benke, Britta: Georgia O'Keeffe. Köln 1994.

Berman, Marshall: All That Is Solid Melts into Air. New York 1982.

Böhm, André: Musikalische Bildsequenzen und deren psychologische Wahrnehmung anhand der Qatsi-Trilogie. München 2005.

Caro, Robert: The Power Broker. New York 1975.

Chatman, Seymour: Antonioni, or the Surface of the World. Berkeley 1985.

Cheever, John: Falconer (1977). In: John Cheever: Complete Novels. New York 2009.

Cheever, John: Oh What a Paradise it Seems (1982). In: John Cheever: Complete Novels. New York 2009.

Coble, Paul: „Justifiable Paranoia“: The Politics of Conspiracy in 1970s American Film. In: Xavier Mendik (Ed.): Shocking Cinema of the 70s. Riverside 2002.

Debord, Guy: Die Gesellschaft des Spektakels (1967). Berlin 1996.

Debord, Guy: Kommentare zur Gesellschaft des Spektakels (1979). In: Guy Debord: Die Gesellschaft des Spektakels. Berlin 1996.

Deleuze, Gilles: Das Bewegungs-Bild – Kino 1 (1983). Frankfurt am Main 1997.

Deleuze, Gilles: Das Zeit-Bild – Kino 2 (1985). Frankfurt am Main 1997.

DeLillo, Don: Underworld. New York 1997.

Didion, Joan: Bureaucrats (1976). In: Joan Didion: We Tell Ourselves Stories in Order to Live, Collected Nonfiction. New York 2006.

Düttmann, Martina: Sehen, was man sieht. In: Ralph Eue/Gabriele Jatho (Hrsg.): Schauplätze, Drehorte, Spielräume – Production Design + Film. Berlin 2005.

Eco, Umberto: Das offene Kunstwerk (1962). Frankfurt am Main 1977.

Ellul, Jacques: The Technological Society (1954). New York 1964.

Engelmann, Peter: Postmoderne und Dekonstruktion: Texte französischer Philosophen der Gegenwart. Stuttgart 2004.

Fiedler, Leslie: Überquert die Grenze, schließt den Graben! (1972). In: Wittstock, Uwe (Hrsg.): Roman oder Leben – Postmoderne in der deutschen Literatur. Leipzig 1994.

Fromm, Erich: Haben oder Sein (1976). München 1979.

Halter, Hans: Einführungen ins Schattenreich. In: Der Spiegel 48/1979.

Hardt, Michael/Negri, Antonio: Empire (2000). Frankfurt am Main 2002.

Huxley, Aldous: Das Genie und die Göttin (1955). Frankfurt am Main 1956.

Illich, Ivan: Einführung (1976). In: Leopold Kohr: Probleme der Stadt – Gedanken zur Stadt- und Verkehrsplanung. Salzburg 2008.

Illich, Ivan: Selbstbegrenzung – Eine politische Kritik der Technik (1973). München 1998.

Jencks, Charles: The Language of Post-Modern Architecture. New York 1977.

Khan, Hasan-Uddin: International Style – Architektur der Moderne von 1925 bis 1965. Köln 1998.

Kaller-Dietrich, Martina: Ivan Illich (1926-2002). Sein Leben, sein Denken. Weitra 2008.

Kohr, Leopold: Das Ende der Großen (1957). Salzburg 2001.

Kohr, Leopold: Das Wesen der Slums (1967). In: Leopold Kohr: Probleme der Stadt – Gedanken zur Stadt- und Verkehrsplanung. Salzburg 2008.

Kohr, Leopold: Der Ursprung der Slums (1968). In: Leopold Kohr: Probleme der Stadt – Gedanken zur Stadt- und Verkehrsplanung. Salzburg 2008.

Kohr, Leopold: Einleitung (1989). In: Leopold Kohr: Probleme der Stadt – Gedanken zur Stadt- und Verkehrsplanung. Salzburg 2008

Koolhaas, Rem: Delirious New York – Ein retroaktives Manifest für Manhattan (1978). Aachen 1999.

Lindner, Rolf: Vom Wesen der Kulturanalyse. In: Zeitschrift für Volkskunde 99 (2003).

Lovelock, James: Gaia: A New Look at Life on Earth. Oxford 1979.

Lyotard, François: Das postmoderne Wissen (1979). Wien 2012.

MacDonald, Scott: The Garden in the Machine – A Field Guide to Independent Films about Place. Los Angeles, Berkely 2001.

Maier, Tanja: Gender und Fernsehen. Perspektiven einer kritischen Medienwissenschaft. Bielefeld 2007.

Mailer, Norman: Of a Fire on the Moon. New York 1970.

Marx, Leo: The Machine in the Garden – Technology and the Pastoral Ideal in America. New York 1964.

Mumford, Lewis: Technics and Civilization. New York 1934.

Mumford, Lewis: Technics and Human Development (The Myth of the Machine, Vol. 1). San Diego 1967.

Mumford, Lewis: The Pentagon of Power (The Myth of the Machine, Vol. 2). San Diego 1970.

Page, Jake: Inside the Sacred Hopi Homeland. In: National Geographic, Vol. 162, No. 5, November 1982. Washington, D.C. 1982.

Postman, Neil: Amusing Ourselves to Death (1985). New York 2005.

Pynchon, Thomas: Gravity's Rainbow. New York 1973.

Ramroth, William G., Jr.: Planning for Disaster – How Natural and Manmade Disasters Shape the Built Environment. New York 2007.

Sander, Martin W.: Flying over the USA – Airplanes in American Life. Oxford 2004.

Schumacher, Ernst Friedrich: Small Is Beautiful: Economics As If People Mattered. London 1973.

Schweinitz, Jörg: Stummfilm. In: Thomas Koebner (Hrsg.): Reclams Sachlexikon des Films. Stuttgart 2002.

Sontag, Susan: Das Leiden anderer betrachten. Frankfurt am Main 2005.

Thompson, Hunter S.: Fear and Loathing in Las Vegas. New York 1971.

Warhol, Andy: Popism – The Warhol Sixties. Orlando 1980.

(*Ohne Autor:*) Der Amtsrat und der Mond. Der Spiegel (33/1958).

Internetquellen

Botz-Bornstein, Thorsten: Philosophy of Film: Continental Perspectives. (ohne Jahr). <http://www.iep.utm.edu/filmcont/> (18. März)

Chastenet, Patrick: A Short Biography of Jacques Ellul (1912-1994). (ohne Jahr). <http://www.ellul.org/bio_e1.html> (20. Februar 2014)

Fischer, Manfred W.K.: Leopold Kohr – Einsichten zum „menschlichen Maß". (ohne Jahr). <http://www.dorfzeitung.com/old/dz/1999/10/Kohr.htm> (15. März 2014)

Halton, Eugene: A Brief Biography of Lewis Mumford (1895-1990). (ohne Jahr). <http://www3.nd.edu/~ehalton/mumfordbio.html> (4. Februar 2014)

Halter, Hans: Entführungen ins Schattenreich. In: Der Spiegel 48/1979. <http://wissen.spiegel.de/wissen/image/show.html?did=39867462&aref=image035/E0513/PPM-SP197904802680272.pdf&thumb=false> (12. März 2014)

Horn, Gerd-Rainer: Rezension zu: Martina Kaller-Dietrich: Ivan Illich (1926-2002). Sein Leben, sein Denken. Weitra 2008, in: H-Soz-u-Kult, 15.01.2010, <http://hsozkult.geschichte.hu-berlin.de/rezensionen/2010-1-034> (10. März 2014)

Kerr, Dave: Fata Morgana. (ohne Jahr). <http://www.chicagoreader.com/chicago/fata-morgana/Film?oid=1060199> (20. März 2014)

König, Siegfried: Die Vergessenen. (ohne Jahr). <http://www.filmzentrale.com/rezis/olvidadossk.htm> (14. März 2014)

Lehner, Manfred: Die Biographie des Philosophen und Ökonomen Leopold Kohr. Wien 1994. Auszug auf <http://www.leopold-kohr-akademie.at/lka/modules/biografie/index.php?id=1:1> (6. März 2014)

Pötting, Sven: Die Vergessenen – Los Olvidados. (ohne Jahr). <http://www.filmzentrale.com/rezis2/losolvidadossp.htm> (14. März 2014)

Reggio, Godfrey: As Ubiquitous as the Air. (ohne Jahr). http://dialoguetalk.org/godfrey-reggio/ubiquitous-as-the-air/> (28. Dezember 2013)

Stiglegger, Marcus: Fata Morgana. (ohne Jahr). <http://www.ikonenmagazin.de/rezension/Fatamorgana.htm> (20. März 2014)

Widmann, Andreas Martin: Die Form der Stunde. Der Freitag vom 26.1.2012. <http://www.freitag.de/autoren/der-freitag/die-form-der-stunde> (4. Januar 2014)

Zinn, Howard: A People's History of the United States (2010). <http://www.historyisaweapon.com/zinnapeopleshistory.html> (28. März 2014)

(Ohne Autor:) Guy Debord – Biography. (Ohne Jahr). <http://www.egs.edu/library/guy-debord/biography/> (4. Januar 2013)

(Ohne Autor:) The Last Hopi – MMM: Chapter Six – Part 1. <http://billangelos.typepad.com/my_weblog/2010/01/mmm-chapter-five-part-two-friendlies-and-hostiles-in-hopiland.html> (28. Dezember 2013)

(Ohne Autor:) The Tracker Magazine – Vol. 2, No. 1, Winter 1983. <http://www.trackertrail.com/publications/thetrackermagazine/v2-1/thetrackerv2-1pg30.html> (8. Januar 2013)

Musik

Glass, Philip: Koyaanisqatsi (Complete Original Soundtrack Version, Orange Mountain Music). East Hampton 2009.

Filme

Airport (USA 1970, Regie: George Seaton)
Airport 1975 (USA 1974, Regie: Jack Smight)
Airport '77 (USA 1977, Regie: Jerry Jameson)
Ace in the Hole (USA 1951, Regie: Billy Wilder)
All the President's Men (USA 1976, Regie: Alan J. Pakula)
Anima Mundi (USA 1992, Regie: Godfrey Reggio)
Baraka (USA 1992, Regie: Ron Fricke)
Berlin – Symphonie einer Großstadt (D 1927, Regie: Walter Ruttmann)
Blade Runner (USA 1982, Regie: Ridley Scott)
Body Double (USA1984, Regie: Brian de Palma)
Brainstorm (USA 1983, Regie: Douglas Trumbull)
The Car (USA 1977, Regie: Elliot Silverstein)
The China Syndrome (USA 1979, Regie: James Bridges)
Christine (USA 1983, Regie: John Carpenter)
Chronos (USA 1985, Regie: Ron Fricke)
The Concorde... Airport '79 (USA 1979, Regie: David Lowell Rich)
The Conversation (USA 1975, Regie: Francis Ford Coppola)
The Day After (USA 1983, Regie: Nicholas Meyer)
Duel (USA 1971, Regie: Steven Spielberg)

Dirty Harry (USA 1971, Regie: Don Siegel)
Essence of Life (USA 2002, Regie: Greg Carson)
Evidence (USA 1995, Regie: Godfrey Reggio)
Fat Man and Little Boy (USA 1989, Regie: Roland Joffé)
Fata Morgana (D 1971, Regie Werner Herzog)
The Fog of War (USA 2003, Regie: Errol Morris)
Go Go Go (USA 1964, Regie: Marie Menken)
Impact of Progress (USA 2002, Regie: Greg Carson)
Invasion of the Body Snatchers (USA 1978, Philip Kaufman)
Klute (USA 1971, Regie: Alan J. Pakula)
Koyaanisqatsi (USA 1982, Regie: Godfrey Reggio)
Life Is War (Behind the scenes featurette) (USA 2002, Regie: Unbekannt)
Los Olvidados (MEX 1950, Regie: Luis Buñuel)
Modern Times (USA 1936, Regie: Charlie Chaplin)
Organism (USA 1975, Regie: Hilary Harris)
Outland (UK 1981, Regie: Peter Hyams)
The Parallax View (USA 1975, Regie: Alan J. Pakula)
Powaqqatsi (USA 1988, Regie: Godfrey Reggio)
Samsara (USA 2011, Regie: Ron Fricke)
Silkwood (USA 1983, Regie: Mike Nichols)
Songlines (Patricia's Park) (USA 1989, Regie: Godfrey Reggio)
Taxi Driver (USA 1976, Regie: Martin Scorsese)
Terminator (USA 1984, Regie: James Cameron)
Three Days of the Condor (USA 1976, Regie: Sydney Pollack)
To Live and Die in L.A. (USA 1985, Regie: William Friedkin)
Tron (USA 1982, Regie: Steven Lisberger)
Two-Lane Blacktop (USA 1971, Regie: Monte Hellman)
Vanishing Point (USA 1971, Regie: Richard C. Sarafian)
Videodrome (USA 1983, Regie: David Cronenberg)

Zeitfracht Medien GmbH
Ferdinand-Jühlke-Straße 7
99095 Erfurt, Deutschland
produktsicherheit@kolibri360.de